T0197067

essentials

essentials liefern aktuelles Wissen in konzentrierter Form. Die Essenz dessen, worauf es als „State-of-the-Art" in der gegenwärtigen Fachdiskussion oder in der Praxis ankommt. *essentials* informieren schnell, unkompliziert und verständlich

- als Einführung in ein aktuelles Thema aus Ihrem Fachgebiet
- als Einstieg in ein für Sie noch unbekanntes Themenfeld
- als Einblick, um zum Thema mitreden zu können

Die Bücher in elektronischer und gedruckter Form bringen das Fachwissen von Springerautor*innen kompakt zur Darstellung. Sie sind besonders für die Nutzung als eBook auf Tablet-PCs, eBook-Readern und Smartphones geeignet. *essentials* sind Wissensbausteine aus den Wirtschafts-, Sozial- und Geisteswissenschaften, aus Technik und Naturwissenschaften sowie aus Medizin, Psychologie und Gesundheitsberufen. Von renommierten Autor*innen aller Springer-Verlagsmarken.

Udo Raaf

Der SEO Planer

Suchmaschinenoptimierung in
Unternehmen richtig organisieren
und umsetzen (mit Checklisten)

2. Auflage

Udo Raaf
ContentConsultants
Berlin, Deutschland

ISSN 2197-6708   ISSN 2197-6716   (electronic)
essentials
ISBN 978-3-658-37685-7   ISBN 978-3-658-37686-4   (eBook)
https://doi.org/10.1007/978-3-658-37686-4

Die Deutsche Nationalbibliothek verzeichnet diese Publikation in der Deutschen Nationalbibliografie; detaillierte bibliografische Daten sind im Internet über http://dnb.d-nb.de abrufbar.

Planung/Lektorat: Rolf-Guenther Hobbeling
Springer Gabler ist ein Imprint der eingetragenen Gesellschaft Springer Fachmedien Wiesbaden GmbH und ist ein Teil von Springer Nature.
Die Anschrift der Gesellschaft ist: Abraham-Lincoln-Str. 46, 65189 Wiesbaden, Germany

Was Sie in diesem *essential* finden können

- Einen schnellen, einfach verständlichen Einstieg in die Suchmaschinen-optimierung
- Warum Webseiten ohne SEO nicht funktionieren können
- Wie Sie mit Ihrer Website nachhaltig die Reichweite und Umsatz steigern
- Wie Suchmaschinenoptimierung im Unternehmen sinnvoll organisiert wird

Vorwort

SEO ist tot – SEO lebt. Sicher haben Sie schon von dieser jahrelangen Diskussion gehört. Und es ist hier nicht anders als in anderen Branchen: Zehn Experten – zehn Meinungen. Dass Sie ein Buch erworben haben, dass Ihnen den Start in die Welt der Suchmaschinenoptimierung erleichtert zeigt, dass Sie wohl an drei Dinge glauben.

Erstens: Man kann die Rankings von Suchmaschinen beeinflussen.

Zweitens: Der Aufwand dafür stellt zwar eine Investition dar, lohnt sich aber wahrscheinlich und hoffentlich.

Drittens: Sie glauben an sich und dass Sie das auch wie viele andere stemmen können.

In allen diesen drei Dingen kann ich Sie in ihrem Glauben bestärken. Und das ganz einfach aus meiner über 20-jährigen Tätigkeit in diesem Bereich und aus der Erfahrung aus über 500 beratenen Unternehmen aller Branchen und Größen. Jeder, der das ernsthaft möchte, kann „SEO lernen". Natürlich fliegt einem das Wissen nicht über Nacht zu und natürlich wird niemand nach der Lektüre dieses Buches – irgendeines SEO-Buches – zu einer Expertin oder einem Experten. Das braucht etwas Zeit und vor allem auch praktische Erfahrung, die es „bewusst!" zu sammeln gilt. Aber wenn erst der Einstieg gemacht ist, man genügend erstes Basiswissen gesammelt hat und anfängt, die eigenen Seiten zu optimieren… dann passiert bei vielen etwas Bemerkenswertes: Sie sehen, was sie bewirken können, wie die Rankings sich verbessern, wie mehr Traffic und am Ende mehr Umsatz über das Web kommt. Das ist oft ein starker Anreiz! Hoppla, es geht ja doch. Das war ich! Actio (was ich verändert/optimiert habe) und ReActio (wie Google darauf reagiert). Das kann durchaus Spaß und ggf. sogar ein klein wenig süchtig machen.

Es ist sicher ein guter Einstieg, sich nicht gleich ein viele hundert Seiten umfassendes Fachbuch zuzumuten. Es dauert in solchen Büchern oft lange, bis man an Stellen kommt, bei denen man direkt etwas umsetzen kann. Der SEO Planer von Udo Raaf bürdet Ihnen dieses Problem nicht auf. Es geht schnell zur Sache und vor allem die vielen Checklisten helfen Einsteigern, aber auch Fortgeschrittenen, die Linie zu halten und nichts Wichtiges zu vergessen. Fangen Sie am besten jetzt gleich damit an. Das vorliegende Buch ist hervorragend geeignet für einen Blitzeinstieg in das Thema SEO.

Prof. Dr. Mario Fischer lehrt an der Fachhochschule in Würzburg E-Commerce und leitet den gleichnamigen Studiengang. Seit 2010 ist er Herausgeber und Chefredakteur der Fachzeitschrift „Website Boosting".

Prof. Dr. Mario Fischer

Inhaltsverzeichnis

Über den Autor

Udo Raaf gründete 1999 den ersten und bis heute reichweitenstärksten Musikblog in Deutschland Tonspion.de. Im Rahmen seines Studiums der Gesellschafts- und Wirtschaftskommunikation an der Universität der Künste Berlin schrieb er 2008 seine Diplomarbeit über „Suchen und Finden: Orientierung im Internet" und spezialisierte sich anschließend auf Suchmaschinenoptimierung und Content Strategie.

Heute berät er Kunden aus diversen Branchen (Agenturen, Verlage, Kanzleien, Gewerkschaften, Behörden, KMU) zum Thema organisches Wachstum mit Content und greift dabei auf 20 Jahre Erfahrung mit eigenen Websites zurück. Außerdem gibt er regelmäßig Seminare und Workshops für Online-Teams und ist Autor des Online Marketing Fachblatts „Website Boosting".

Homepage: www.contentconsultants.de

Kontakt: udo@contentconsultants.de

Abbildungsverzeichnis

Einleitung

Kein Kapitän würde sich ohne einen Kompass auf die Brücke eines Schiffs trauen: Ohne Instrumente würde er sein Ziel nicht erreichen und vermutlich unterwegs auf Grund laufen! Auch Websites von Unternehmen treiben ohne Kompass orientierungslos im riesigen Meer des World Wide Web. Ohne die richtigen Instrumente kann eine Webseite vielleicht ansprechend aussehen, aber ihr eigentlicher Zweck wird verfehlt. Mehr noch: der Unternehmenserfolg wird gefährdet. Denn wenn eine Website nicht gefunden werden kann, können die Zielgruppen online nicht erreicht werden. Der Kompass bei der Steuerung einer Website heißt: Suchmaschinenoptimierung. Denn nur mit aus der Masse herausragenden Inhalten können Sie heute noch in Suchmaschinen gefunden werden und ihre Zielgruppen just in dem Moment erreichen, wenn sie nach Ihren Angeboten und Themen suchen. Wie für jede andere Aufgabe im Marketing braucht man dafür Profis. Allerdings sind erfahrene Spezialisten heute extrem begehrt. Die besten SEO-Experten machen sich mit eigenen Webangeboten oder einer eigenen Agentur selbstständig und sind deshalb nur schwer zu bekommen. Mit diesem Buch möchte ich Sie ermutigen, Suchmaschinenoptimierung professionell zu organisieren und Hürden abzubauen.

Viele Dinge können Unternehmen ganz einfach selbst umsetzen mit Hilfe von Checklisten und Tools, die ich in diesem Buch vorstelle. Für bestimmte Aufgaben empfehle ich, sich externe Hilfe hinzuzuholen. So vermeiden Sie teure Anfängerfehler, die bereits viele Unternehmen gemacht haben und die nur mit sehr viel Zeit und Geld wieder zu beseitigen sind. Insbesondere Relaunches werden häufig zu teuer bezahlt aufgrund von unzureichender Planung und technischen Fehlern bei der Umsetzung. Die Folge: die Reichweite der Website stürzt ab, und neben einer enormen Summe Geld verlieren Sie auch noch Ihre Rankings. Nehmen Sie also grundsätzlich keine größeren Änderungen an Ihrer Webseite vor, ohne

U. Raaf, *Der SEO Planer,* essentials,
https://doi.org/10.1007/978-3-658-37686-4_1

vorher die Auswirkungen in Suchmaschinen im Detail professionell untersuchen zu lassen.

SEO ist die Brücke Ihrer Website, und Sie sind Kapitän. Nur Sie kennen die Ziele Ihres Unternehmens, und nur Sie selbst können Ihre Website sicher durchs WWW steuern. Der SEO-Planer soll Ihnen dabei die Richtung weisen.

10 Gründe in Suchmaschinenoptimierung zu investieren

Suchmaschinenoptimierung ist nach Einschätzung von Microsoft (Southern, 2020) die wichtigste Marketingdisziplin überhaupt! Folgende Argumente für eine Investition in Suchmaschinenoptimierung sollte jeder Geschäftsführer oder Marketingleiter kennen:

1. **Praktisch jeder nutzt Suchmaschinen**
   70 % aller Deutschen unter 30 Jahren nutzen täglich Suchmaschinen, und fast alle verwenden dafür Google (Beisch et al., 2019). Weitere Web-Suchmaschinen sind Bing (Microsoft), Ecosia und DuckDuckGo (beide basieren auf Bing-Technologie), allerdings mit vergleichsweise geringen Marktanteilen von weniger als 1 % bei der mobilen Suche!

2. **Suchmaschinen bringen am meisten nachhaltige Reichweite**
   Im Durchschnitt werden über 50 % des gesamten Website-Traffics durch unbezahlte Suchergebnisse generiert, während 15 % über bezahlte Anzeigen und nur rund 4 % der Besucher von Social Media kommen (BrightEdge Research, 2020). In sozialen Netzwerken hat ein erfolgreicher Post eine Lebensdauer von ein paar Tagen oder Stunden. Eine Webseite kann über Suchmaschinen hingegen über Monate oder sogar Jahre gefunden werden.

3. **Klicks gibt es nur auf der ersten Suchergebnisseite**
   Suchmaschinen crawlen Milliarden von Websites und ranken dann zu jedem Suchbegriff nur die vermeintlich 100 besten als Suchergebnis. 99,1 % aller Nutzer vertrauen dabei nur den Suchergebnissen auf der ersten Seite, also den ersten zehn Treffern! Davon klicken wiederum durchschnittlich ca. 30 % auf das erste Suchergebnis (Beus, 2020). Umgekehrt bedeutet das: Wer erst auf der zweiten Suchergebnisseite auftaucht, bekommt so gut wie gar keine Klicks mehr!

U. Raaf, *Der SEO Planer*, essentials, https://doi.org/10.1007/978-3-658-37686-4_2

4. **Erreichen Sie die „digitale Laufkundschaft"**
   Bei einem lokalen Geschäft entscheidet die Lage darüber, ob auch Laufkundschaft in den Laden findet. Google ist der Ort, an dem Sie die surfende „Laufkundschaft" online erreichen; Menschen, die das Unternehmen und sein Angebot bisher noch nicht kennen, aber bei einer Suche daran „vorbeilaufen". Suchmaschinen-Sichtbarkeit ist also gleichbedeutend mit der „Lage" in der Online-Welt.

5. **Suchmaschinen bieten jedem eine Chance**
   Grundsätzlich hat jede Webseite – unabhängig von der Größe oder Budget – die Chance, für relevante Suchbegriffen auf Seite 1 von Google gefunden zu werden. In vielen Bereichen wurden die großen und oft schwerfälligen Marktführer sogar von kleinen, agilen Unternehmen im Netz überholt, weil diese früher und konsequenter in SEO investiert haben.

6. **Auf Suchmaschinenoptimierung zu verzichten ist sehr teuer**
   Während Sie für jeden einzelnen Klick auf eine Anzeige in Suchmaschinen Geld bezahlen müssen, bringen organische Rankings in Suchmaschinen über Monate oder sogar Jahre kostenlos potenzielle Kunden auf Ihre Seite. SEO kann also dabei helfen Werbegelder einzusparen.

7. **SEO ist kostengünstig und risikoarm**
   Selbst wenn die Stundensätze kompetenter SEO-Berater oder Agenturen oft stattlich sind, zahlt sich eine fortlaufende und konsequente Optimierung langfristig immer aus, weil sie irgendwann für Hunderte oder sogar Tausende Suchbegriffe ranken und Ihre Reichweiten skalieren können.

8. **Suchmaschinenoptimierung ist (relativ) einfach zu erlernen**
   Zwar ist die genaue Zusammensetzung von Googles Algorithmus ein extrem gut gehütetes Geheimnis, dennoch gibt es ein paar wesentliche Rankingfaktoren (Searchmetrics, 2016), über die sich alle Experten weitgehend einig sind und die Sie in den folgenden Kapiteln kennenlernen werden. Mit Raketenwissenschaft oder Zauberei hat all das nichts zu tun, sondern viel mehr mit Handwerk und Erfahrungswerten.

9. **SEO bringt zufriedenere Kunden**
   Google möchte für Nutzer auch künftig die beste Suchmaschine bleiben und ihnen die bestmöglichen Resultate bieten. Das oberste Prinzip von seriöser Suchmaschinenoptimierung heißt also: was gut für Ihre Kunden ist, ist auch gut für Suchmaschinen. Egal ob schnelle Ladezeiten, nützliche und informative Inhalte oder leicht verständliche Sprache: alles, was eine positive Nutzererfahrung erzeugt, wird sich über kurz oder lang auch positiv auf Rankings und damit auf Ihren Umsatz niederschlagen.

10. **Menschen werden auch künftig suchen**
    Zwar werden sich die Geräte und auch die bevorzugten Plattformen alle paar Jahre wandeln, doch es wird immer gesucht werden. Ob Siri uns künftig das Suchergebnis sagt oder Google uns irgendwann jeden Wunsch von den Lippen abliest: Wer heute startet, wird auch morgen noch gefunden werden. Es lohnt sich also, am Ball zu bleiben und die Performance der eigenen Website nicht nur dem Zufall zu überlassen.

▶ **Fazit** Suchmaschinen sind für die meisten Unternehmen heute bereits der wichtigste Online-Marketingkanal! Es wäre fahrlässig, ausgerechnet diesen zu vernachlässigen.

Der Google Algorithmus: Wie Ihre Webseite online gefunden wird

Wenn wir von „Search Engine Optimization" (kurz: SEO) sprechen, meinen wir meistens Google-Optimierung. Der Grund ist klar: Mit einem Marktanteil von 98 % bei der mobilen Suche (Statista, 2020) ist Google derzeit das Maß aller Dinge in der Websuche. Es gibt noch weitere Suchsysteme, die abhängig von der Branche für Unternehmen sehr interessant sein können, so etwa Jameda für Ärzte, Anwaltsauskunft für Rechtsanwälte oder Amazon für Online-Händler, doch an Google kommt man wohl auch auf lange Sicht nicht vorbei.

2013 zählte Google 30 Billionen Webseiten im World Wide Web. Im Jahr 2016 waren es bereits 130 Billionen (Schwartz, 2016). In Zahlen: 130.000.000.000.000! Seitdem hat Google aufgehört zu zählen. Für jeden Suchbegriff gibt es Tausende oder sogar Millionen Webseiten mit potenziell relevanten Inhalten. Es wird also immer schwieriger angesichts dieses Wettbewerbs, in einer Suchmaschine gefunden zu werden. Deshalb schauen wir uns zunächst an, wie Google das Web nach Inhalten durchsucht und die Suchergebnisse aufbereitet (Google, 2020) und was wir daraus lernen können.

Crawling

Spezielle Computerprogramme, so genannte Webcrawler oder Robots, klicken sich durch alle verfügbaren Links einer Webseite und katalogisieren die dort vorgefundenen Inhalte. Aufgrund der Masse von Inhalten durchsucht der Google Crawler schwerpunktmäßig neue Seiten und geänderte Seiten. Dabei wird nach bestimmten, nur Google bekannten Kriterien festgelegt, welche Websites wann und wie oft besucht und wie viele einzelne Unterseiten von jeder Website aufgerufen werden.

© Der/die Autor(en), exklusiv lizenziert an Springer Fachmedien Wiesbaden GmbH, ein Teil von Springer Nature 2022
U. Raaf, *Der SEO Planer*, essentials,
https://doi.org/10.1007/978-3-658-37686-4_3

Indexierung

Nach dem Crawling, versucht Google zu verstehen, worum es auf der Seite geht. Google analysiert also den Text der Seite und katalogisiert die auf der Seite eingebetteten Bilder und Videodateien. Diese Informationen werden im Google-Index gespeichert, einer riesigen Bibliothek mit Billionen Inhalten.

Ranking

Um vollständig automatisiert herauszufinden, welche Seiten nun besonders relevant für eine Suchanfrage sind, werden von Google eine Vielzahl von so genannten „Rankingfaktoren" herangezogen. Deshalb ist es elementar zu verstehen, wie Google bei der Sortierung der Suchergebnisse vorgeht.

1. **Wortanalyse:**
   Zuerst versucht Google den Sinn der eingegebenen Begriffe eines Nutzers zu verstehen und einzuordnen. Die verwendeten Suchbegriffe können aus einem Wort, mehreren Stichworten oder einer ganzen Frage bestehen. Dabei versucht Google auch falsche Schreibweisen oder mehrere Bedeutungen zu erkennen (vgl. Abb. 1).
2. **Abgleich des Suchbegriffs:**
   Nun versucht Google automatisch die jeweils passenden Inhalte für die Suchanfrage aus einer Unmenge von gecrawlten Seiten im Suchindex zu finden. Dabei ist es wichtig, dass der eingegebene Suchbegriff möglichst auch auf der

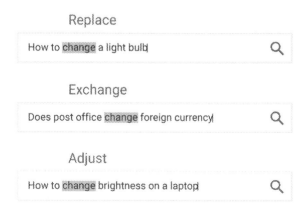

Abb. 1 Google versucht die genaue Bedeutung einer Suchanfrage zu erkennen. (Quelle: Google)

Zielseite vorkommen sollte, um eine eindeutige inhaltliche Übereinstimmung zwischen Suchanfrage und Suchergebnis gewährleisten zu können. Zwar versteht Google längst auch Synonyme, doch Seiten, die den exakten Suchbegriff beinhalten, werden deutlich häufiger ausgespielt und auch von Nutzern häufiger geklickt.

3. **Ranking nützlicher Seiten:**
Da es zu fast jeder Suchanfrage Millionen möglicher Ergebnisse im Netz gibt, muss Google nun bewerten, welche Seiten für die individuelle Suchanfrage die nützlichsten sein könnten. Dazu testet Google ständig neue Seiten auf Seite 1 und misst anhand von Nutzerdaten (z. B. Klickraten, Absprungraten, Verweildauer), wie relevant ein Suchergebnis für Nutzer tatsächlich ist. Die Reihenfolge der Suchergebnisse ist also ständig in Bewegung, sie bleibt nie gleich.

4. **Die besten Ergebnisse:**
Google versucht auf Seite 1 der Suchergebnisse, eine gewisse Bandbreite an unterschiedlichen Inhalten so aufzubereiten, dass ein Nutzer möglichst schnell das individuell passende Ergebnis auf seine Suchanfrage findet. Und tatsächlich ist Google inzwischen heute damit so erfolgreich, dass laut einer aktuellen Erhebung nicht einmal mehr 1 % aller Nutzer auf Seite 2 der Suchergebnisse klicken (Beus, 2020) müssen. Das Ziel von Suchmaschinen ist also, die besten Ergebnisse direkt auf der ersten Seite aufzulisten. Und das Ziel von Suchmaschinenoptimierung muss deshalb sein, das beste Ergebnis für eine bestimmte Suchanfrage zu bieten.

Google Updates

Google aktualisiert seine Algorithmen fortlaufend, um sie immer weiter zu verbessern. Dazu arbeitet Google mit künstlicher Intelligenz, aber auch mit so genannten „Search Quality Evaluators" auf der ganzen Welt, die Suchergebnisse manuell überprüfen und ihre Bewertungen den Entwicklern bereitstellen. Die komplexen Google-Algorithmen werden also auch von echten Menschen getestet, sie haben allerdings keinen direkten Einfluss auf die vollständig automatisiert erstellten Suchergebnisse. Manche Algorithmus-Updates haben direkte Auswirkungen auf die Reichweite und Sichtbarkeit von Websites. Es ist also wichtig zu wissen, wann ein Update veröffentlicht wurde und wie es sich auswirkt, um frühzeitig reagieren zu können.

▶ **Tipp** Im täglich wachsenden WWW gibt es nur durch strategische Suchmaschinenoptimierung eine Chance auf Sichtbarkeit.

Die 8 Schritte zur besseren Website (Checklisten)

Um auf die begehrten vorderen Positionen unter Tausenden oder sogar Millionen Seiten zum gleichen Thema zu kommen, muss eine Webseite also in möglichst allen Belangen besser sein als alle anderen. Doch was genau heißt eigentlich „besser" aus Sicht einer Suchmaschine?

> **Beispiel: SEO Berater**
>
> Sie sind SEO-Berater und möchten für die Suche nach „SEO Berater" bei Google vor allen Mitbewerbern gefunden werden. Knapp 3,76 Mio. Seiten werden zum Suchbegriff „SEO Berater" in Google Deutschland gefunden (vgl. Abb. 1). Nur die ersten 10 Treffer auf der ersten Seite von Google bekommen tatsächlich Klicks über die Suche. Alle anderen gehen leer aus. Ohne spezielles Wissen über die Funktionsweise von Google haben Sie also heute keine Chance mehr, auf Google zu wichtigen Begriffen, die Ihnen Umsatz bringen könnten, gefunden zu werden. ◄

Im Folgenden lernen Sie alle wesentlichen Bereiche der Suchmaschinenoptimierung kennen. Nur wenn Sie in allen Belangen Ihren Wettbewerbern überlegen sind, haben Sie eine realistische Chance, auf den vorderen Positionen der Suchmaschinen gefunden zu werden. Wo immer es sinnvoll ist, gebe ich Ihnen Checklisten und Tools an die Hand, mit deren Hilfe Sie die Ihre eigenen Webseiten schnell und ohne technisches Vorwissen überprüfen können.

1. **Technik optimieren:** können Nutzer und Suchmaschinen die Seite lesen?
2. **Usability verbessern:** ist die Gestaltung nutzerfreundlich und klar?

© Der/die Autor(en), exklusiv lizenziert an Springer Fachmedien Wiesbaden GmbH, ein Teil von Springer Nature 2022
U. Raaf, *Der SEO Planer,* essentials,
https://doi.org/10.1007/978-3-658-37686-4_4

Abb. 1 Google Suche nach „SEO Berater" mit 3,76 Mio. möglichen Ergebnissen

3. **Keywords recherchieren:** mit welchen Begriffen wird das Thema gesucht
4. **Wettbewerb analysieren:** wer rankt zu diesen Begriffen bereits ganz vorne und womit?
5. **Content erstellen:** ist der Inhalt gut lesbar, informativ und leicht verständlich?
6. **Links setzen:** ist der Inhalt auf der Website auffindbar?
7. **Content vermarkten:** ist der Inhalt so herausragend, dass er von anderen empfohlen wird?
8. **SEO-Performance überprüfen:** Welche Kennzahlen tragen zum Erfolg der Website bei?

Nur wenn jeder einzelne dieser Schritte (vgl. Abb. 2) berücksichtigt wird, ist eine Website bestens für Nutzer aufbereitet und hat in der Folge auch eine Chance auf Top-Positionen in den Suchergebnissen. Dabei darf kein Schritt weggelassen werden: Ist eine Seite technisch zwar perfekt optimiert, aber man weiß nicht genau, mit welchen Begriffen gesucht wird, kann sie nicht gefunden werden. Sind die Inhalte einzigartig und herausragend, auf der Seite aber gar nicht zu finden, werden sie auch nicht von Suchmaschinen berücksichtigt. Suchmaschinenoptimierung ist niemals abgeschlossen, deshalb sollte dieser Prozess immer wieder von Neuem angestoßen werden.

Schritt 1: Technik optimieren

Die technische Suchmaschinenoptimierung obliegt den Entwicklern der Website. Häufig wird vorausgesetzt, dass Entwickler von Webseiten auch SEO-Experten sind. Doch das ist ein gefährliches Missverständnis. Entwickler sorgen dafür, dass eine Website technisch fehlerfrei funktioniert. Für die Performance in Suchmaschinen sind sie jedoch nicht zuständig und auch gar nicht qualifiziert. Bei der Planung und Umsetzung einer Website oder eines Relaunches wird der SEO-Aspekt deshalb häufig sträflich vernachlässigt oder schlicht vergessen. Die Folge:

Abb. 2 Die acht Schritte für bessere Webseiten. (Quelle: ContentConsultants – © Udo Raaf 2022)

Die Sichtbarkeit und Reichweite der Website sinken aufgrund von technischen Fehlern und Problemen.

Deshalb ist es elementar, dass Sie als Auftraggeber mit den Entwicklern eine Checkliste abarbeiten, um Ihre Webseite technisch für Suchmaschinen optimal vorzubereiten. Wer keinen SEO-Experten im Team hat, kann sich anhand der folgenden Checkliste die wichtigsten Elemente der technischen Suchmaschinen-optimierung von seinen Entwicklern schriftlich bestätigen lassen und somit vor einem Launch sicherstellen, dass die Website grundsätzlich für Suchmaschinen optimiert ist und nichts Wichtiges vergessen wurde.

Vorsicht beim Relaunch!

Viele Unternehmen machen in regelmäßigen Abständen einen Relaunch, nur weil man ein neues Design haben möchte oder seine Seite als zu alt empfindet und sich diffuse Hoffnungen über Verbesserungen macht. Ein Relaunch kostet allerdings sehr viel Geld und birgt zudem große Risiken. Wird eine Seite komplett neu gebaut, können sich die bestehenden Rankings sogar verschlechtern. Es braucht also einen triftigen Grund, in einen Relaunch zu investieren. Ein Relaunch ist, wie ein altes Haus komplett abzureißen und neu zu bauen: in den meisten Fällen völlig überflüssig. Immer mal wieder Streichen, einen neuen Fußboden verlegen und neu einrichten würde in vielen Fällen völlig ausreichen. Nur wenn ein Haus auf einem wackligen Fundament gebaut wurde und technisch nicht mehr sanierbar ist, sollte ein Neubau in Erwägung gezogen werden.

Ist ein Relaunch aus technischen Gründen unvermeidbar, etwa bei einem Wechsel des Content Management Systems, holen Sie sich fürs Risikomanagement einen spezialisierten SEO-Experten dazu. Ein SEO kann Fehler und Probleme bereits vor Live-Gang finden und damit signifikant Kosten einsparen. Natürlich möchte man bei einem Relaunch aber nicht nur Fehler vermeiden, sondern langfristige Zuwächse erzielen, um die investierten Kosten auch wieder einzuspielen. Auch das gelingt nur mit Hilfe von konsequenter Suchmaschinenoptimierung.

Die Checkliste SEO-Technik liefert Ihnen wichtige Fragen für SEO-Optimierung auch für einen Relaunch. Die komplette Checkliste finden Sie als Download unter www.content-consultants.de/checklisten.

Checkliste SEO-Technik

- **Wurde Google Analytics (oder Matomo) eingerichtet, um den Traffic zu analysieren?** Analysetools ermöglichen die Erfolgskontrolle.
- **Wurde ein Google Search Console Account (oder Bing Webmaster Tools) eingerichtet?** Mit Hilfe der Search Console können Sie sehen, für welche Suchbegriffe und URLs die Website rankt und ob Google bzw. Bing technische Fehler erkennen.
- **Können Suchmaschinen die Website problemlos crawlen?** Testen Sie die robots.txt mit Google Search Console oder Bing Webmaster Tools.
- **https: Wurde ein SSL-Zertifikat installiert?** Browser markieren Websites ohne „https" seit 2018 als unsicher.
- **Ist jede Seite nur unter einer einzigen URL erreichbar?** Z. B. mit oder ohne www. Bitte für eine Variante entscheiden! Jede Seite darf nur unter einer einzigen URL erreichbar sein! Dasselbe gilt für http vs. https.
- **Gibt es keine Großschreibung in URLs?** Verwenden Sie grundsätzlich nur Kleinschreibung in allen URLs.
- **Können Title Tag und Meta Descriptions für jede Seite individuell betextet werden?** Diese beiden wichtigen Text-Elemente sind auch in

den Suchergebnissen zu sehen und entscheiden maßgeblich über die Performance der Website in Suchmaschinen.

- **Werden ggf. alte URLs korrekt per 301 redirect auf die neuen URLs weitergeleitet?** Werden Seiten ohne 301-Weiterleitung („permanently moved") umbenannt, fallen diese ggf. aus dem Ranking, selbst wenn sich der Inhalt nicht ändert.
- **Sind die Ladezeiten im grünen Bereich?** Testen Sie die wichtigsten Seiten mit Googles „Core Web Vitals" (www.web.dev) besprechen Sie die Ergebnisse und Hinweise mit Ihrem Web-Entwickler.
- **Sind bei allen Bildern alt-Attribute vorhanden?** Im „alt"-Attribut wird eine Bildbeschreibung hinterlegt. Damit ermöglichen Sie Barrierefreiheit (z. B. für blinde Menschen) und helfen Suchmaschinen, den Inhalt eines Bildes zu erfassen.
- **Gibt es eine mobile Version der Seite?** Empfehlung: Responsives Design! Bitte testen Sie die wichtigsten Seiten mit dem „Google Mobile Friendly" Tool in der Google Search Console.
- **Sind Canonical Tags notwendig und korrekt?** Mit Canonical Tags kann sichergestellt werden, dass doppelte Inhalte (zum Beispiel Parameter-URLs) auf der Seite ausgeschlossen werden.
- **Bei besonders umfangreicheren Seiten: Ist eine Sitemap.xml vorhanden?** Sitemaps sind das Inhaltsverzeichnis einer Website und helfen Suchmaschinen beim Crawlen der Inhalte.
- **Sind die Überschriften (hx) sauber strukturiert wie in einem Word-Dokument?** Eine sinnvolle Textstruktur hilft Nutzern und Suchmaschinen.

Onpage Tools (Technik)

Um weitere technische Optimierungspotenziale im Detail zu finden, können Sie entweder einen SEO-Check bei einer Agentur beauftragen oder selbst Onpage-Tools nutzen, die die gesamte Website crawlen und nach Fehlern durchsuchen. Die meisten dieser Tools sind für einen begrenzten Zeitraum und eine sehr begrenzte Anzahl von Seiten gratis und kosten anschließend zwischen 40 und 100 € pro Monat – je nach Zahl der analysierten Domains und dem gewählten Paket.

Die Onpage-Tools melden fast jeden noch so kleinen Fehler, dadurch besteht vor allem für Anfänger die Gefahr, sich zu verzetteln und an den falschen

Stellen zu optimieren. Deshalb empfiehlt es sich, zur Priorisierung der Aufgaben zunächst einen erfahrenen SEO-Berater hinzuzuziehen und eine Schulung bei den diversen Toolanbietern zu buchen.

Populäre Onpage Tools (Kostenpflichtig)
- Ryte
- XOVI
- Seobility
- Pagerangers
- Screaming Frog
- SEMrush
- rankingCoach
- Searchmetrics
- Ahrefs
- Sistrix

> **Tipp** Nehmen Sie jede Chance wahr, sich weiterzubilden: Je mehr Sie sich mit dem Thema auseinandersetzen, desto sicherer werden Sie die Website in Richtung Erfolg steuern können.

Schritt 2: Usability verbessern

Die Algorithmen von Suchmaschinen versuchen, Webseiten so zu sehen, wie ein Mensch aus Fleisch und Blut, um die individuell bestmöglichen Treffer zu bieten. Ist ein Artikel nicht sauber strukturiert und einfach lesbar, werden Menschen ihn voraussichtlich nicht lesen und stattdessen einen anderen Artikel suchen. Suchmaschinen versuchen dieses Verhalten mit Hilfe von Künstlicher Intelligenz anhand unzähliger Datenpunkte zu verstehen. Wir müssen nicht alle Datenpunkte kennen, um eine Website zu verbessern. Was wir davon aber lernen können, ist die ganz einfache Erkenntnis: Optimieren Sie jede Seite für Ihre Nutzer! Dann optimieren Sie automatisch auch für Suchmaschinen.

Häufig stehen beim Design von Websites Geschmacksfragen im Vordergrund, dabei sollte sich die Gestaltung einer Website vor allem nach der Funktionalität richten. Das alte Bauhaus-Prinzip „form follows function" ist gerade für Webseiten extrem sinnvoll und nützlich. Auf schmückendes Beiwerk sollte konsequent verzichtet werden. Nutzer möchten möglichst ohne Anstrengung zum Ziel ihrer Suche gelangen (Kahneman, 2012), und Seitenbetreiber müssen jederzeit gewährleisten, dass nichts davon ablenkt, eine Suche zum erfolgreichen

Abschluss zu bringen. Erst wenn dies gelingt, ist eine Seite nutzerfreundlich. Um zu überprüfen, ob eine Website intuitiv und ohne Nachdenken bedienbar ist, genügt es häufig schon, einige Personen bei der Nutzung zu beobachten und am Ende den Probanden einige Fragen zu ihren Erfahrungen zu stellen.

Die folgende Checkliste hilft Ihnen beim Usability-Check (die vollständige Checkliste finden Sie auch als Download unter www.contentconsultants.de/checklisten).

Checkliste Usability
- **Ist die Seite nützlich?** Erfüllt der Inhalt der Seite einen konkreten Bedarf?
- **Ist die Seite übersichtlich und auf Anhieb verständlich?** Viele Nutzer lesen nicht, sondern überfliegen Inhalte nur sehr oberflächlich.
- **Gelangen Nutzer ohne Ablenkung schnell an ihr Ziel?** Verzichten Sie auf alles, was vom eigentlichen Thema ablenkt.
- **Werden gelernte Standards berücksichtigt?** Insbesondere Menü, Suche, Impressum, Kontakt sollten einfach zu finden sein.
- **Macht es Spaß, die Seite zu nutzen?** Im Zweifel: fragen Sie Ihre Nutzer im Rahmen einer Umfrage.
- **Würden Nutzer die Seite teilen wollen?** Bietet der Inhalt so einen Mehrwert, dass er teilenswert ist?
- **Sind die Ladezeiten für Nutzer schnell genug (Google Pagespeed)?** Bilder komprimieren, Caching aktivieren und testen mit Google web.dev.
- **Sind die wesentlichen Informationen jeder Seite im sofort sichtbaren Bereich?** Wird auch ohne scrollen klar, worum es auf der Seite geht? Testen Sie auch die mobile Version!
- **Ist das Hauptmenü auf Anhieb verständlich?** Mit einer sinnvollen Menüstruktur lässt sich der Inhalte einer Website schnell erschließen.
- **Werden unter jedem Artikel weiterführende Artikel und Links angeboten?** Keine Webseite sollte eine Sackgasse sein, sondern immer weiterführende Informationen zum Thema anbieten, falls Nutzer mehr zum Thema wissen möchten.
- **Ist jede Seite mit max. 3–4 Klicks von der Startseite aus erreichbar?** Eine zu verschachtelte Struktur führt zu vielen versteckten Seiten, die Nutzer nicht finden können und ohne Nutzersignale auch für Suchmaschinen unsichtbar bleiben.

Usability Tools

Auch die Nutzerfreundlichkeit von Webseiten ist mit Hilfe von kostenlosen Werkzeugen messbar: Vor allem Ladezeiten sollten regelmäßig mit Google Pagespeed Insights überwacht werden. Mit **Core Web Vitals** bietet Google ein Chrome-Plugin, das in Echtzeit Probleme beim Laden einer Webseite mit einer Ampel anzeigt (vgl. Abb. 3). Google wies zum Launch der Web Vitals im Jahr 2020 darauf hin, dass die Performance als Rankingfaktor künftig eine wichtigere Rolle spielen wird, denn schnelle Seiten machen es angenehmer, das Web – und damit Google zu nutzen.

Mit dem Tool **Hotjar** können Seitenbetreiber Heatmaps erstellen und damit einfach nachvollziehen, welche Elemente einer Website besonders häufig und welche gar nicht angeklickt werden (vgl. Abb. 4). Daraus lässt sich schnell erkennen, welche Elemente nicht attraktiv genug oder möglicherweise unverständlich sind.

Abb. 3 Google Core Web Vitals. (Quelle: https://web.dev)

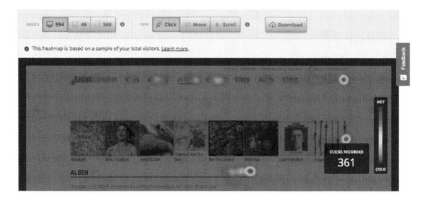

Abb. 4 Die Heatmap zeigt, welche Elemente Nutzer am häufigsten anklicken und wie tief sie scrollen (Hotjar.com)

Außerdem wird angezeigt, wie tief eine Webseite am Smartphone, Tablet oder Desktop-Gerät durchschnittlich gescrollt wird, ob die Texte also wirklich bis zum Ende gelesen werden. Spoiler: Kaum jemand liest bis ganz ans Ende eines Textes, das gilt vor allem für sehr lange und informative Artikel. Das muss aber überhaupt kein Nachteil sein, ganz im Gegenteil. Alles Wichtige sollte möglichst weit oben platziert werden, wo noch nicht die Mehrheit der Nutzer ausgestiegen ist. Danach kommen weitere Details, die vielleicht nur noch einen Bruchteil der Leser interessieren, aber dafür sorgen, dass auch diese fündig werden.

Usability-Tests mit Heatmaps eignen sich z. B. besonders gut dafür, Entscheidern auf Basis konkreter Nutzerdaten und ansprechend visualisiert aufzuzeigen, dass der Homepage-Slider von den meisten Menschen ignoriert wird. Oder welcher Menüpunkt nicht geklickt wird, weil er für die Mehrheit der Nutzer nicht auf Anhieb verständlich oder schlicht unwichtig ist.

▷ **Tipp** Für Menschen optimieren heißt für Suchmaschinen optimieren.

Schritt 3: Keywords recherchieren

Bei der Erstellung von Inhalten für eine Website ist es wichtig, sich Gedanken darüber zu machen, welche Begriffe und Wortkombinationen Menschen in das Suchfeld einer Suchmaschine eintippen, um etwas zu suchen. Diese Suchbegriffe entscheiden maßgeblich darüber, welche Suchergebnisse angezeigt werden. Nutzer erwarten meistens eine Bestätigung ihrer Suchanfrage, ein Ergebnis, in dem der eingegebene Begriff auch vorkommt. Dazu sollte man versuchen, sich in den Kopf seiner Nutzer bzw. Zielgruppen hineinzuversetzen. Nur dann können Inhalte entsprechend des konkreten Bedarfs aufbereitet werden.

In der Suchmaschinenoptimierung heißen diese Suchbegriffe „Keywords". Ein Keyword kann aus einem Wort („seo"), aus mehreren Wörtern („seo berater berlin") oder einer kompletten Frage („was kostet seo?") bestehen. In vielen Fällen werden mehrere Wörter eingegeben, um eine Suche genauer einzugrenzen. Es ist eher selten ratsam, auf Ein-Wort-Keywords zu optimieren, zumal die Suchintention bei einer Suche nach „seo" völlig unklar bleibt. Wird eine Definition, eine Anleitung oder ein Berater gesucht? In so einem Fall blendet Google eine Box mit „ähnlichen Fragen" ein, um die Nutzer ihre Suche präzisieren zu lassen. Für die Suche über Sprachassistenten werden Frage-Antwort-Formate immer wichtiger.

Um zu einer bestimmten Suchanfrage gefunden zu werden, muss dieses Keyword im Title, in Überschriften und im Text platziert werden (vgl. Abb. 5).

---

seo beratung   ✕   🎤   🔍

---

lau.do › seo-beratung-berlin ▾

SEO Beratung Berlin | Pole Position #1 bei Google erreichen

SEO Beratung Berlin. Mit Search Engine Optimization positionieren wir Ihr Unternehmen auf der
Pole Position von Google. SEO OnPage Optimierung; Backlink ...

www.deptagency.com › Dept Agency › Services ▾

SEO Beratung für Ihren Erfolg: SEO Agentur Berlin | Dept ...

Eine SEO-Strategie muss immer auf die Gegebenheiten abgestimmt sein. Wir bieten keine
Standardlösungen, sondern individuelle Handlungsempfehlungen ...

www.contentconsultants.de ▾

SEO Beratung Berlin » Udo Raaf » ContentConsultants

10 Ergebnissen — Seriöse Suchmaschinenoptimierung 🔹 SEO Webinar 🔹 SEO Beratung
Berlin » Unverbindliches Angebot anfordern: ✆ 030-36742004 ...
Du hast diese Seite 2 Mal aufgerufen. Letzter Besuch: 21.10.20

www.seonative.de ▾

seonative: SEO Agentur & SEO Beratung aus Stuttgart

Professionelle SEO Agentur: SEO Beratung für ✓ mehr Traffic ✓ bessere Rankings ✓ mehr
Umsatz ✓ langjährige SEO Agentur → Jetzt anfragen!

Abb. 5 Nur Seiten mit dem Keyword (hier: „SEO Beratung") im Title ranken auf Seite 1.
Ausnahmen bestätigen die Regel

Nur dann ist eine automatisierte, fehlerfreie Zuordnung von Suchanfrage und
Suchergebnis möglich.

Jeder einzelnen Seite sollte deshalb **ein individuelles Fokus-Keyword**
zugewiesen werden, mit dem Sie in Suchmaschinen gefunden werden möchten.
Verwenden Sie das Keyword nur für jeweils eine Seite, nicht für mehrere, denn
sonst konkurrieren Sie mit sich selbst um Rankings und verringern damit Ihre
Erfolgsaussichten.

1. Fokus-Keyword definieren

Zu Beginn einer Keyword-Recherche ist es hilfreich, einfach mal zu googlen und
sich selbstkritisch ein paar elementare Fragen zum geplanten Thema zu stellen:

- Wer ist bei meinem Thema auf der ersten Google-Seite zu finden?
- Welche Begriffe werden in den angezeigten Suchergebnissen verwendet?
- Wie ist Qualität und Quantität dieser Inhalte zu bewerten?
- Kann ich bessere, tiefere und umfassendere Inhalte zum Thema erstellen, als alle, die auf der ersten Seite ranken?
- Habe ich eine realistische Chance gegen die Wettbewerber auf Seite 1 (Beispiel: „SEO"), oder sollte ich mein Thema etwas stärker eingrenzen (Beispiel: „SEO Berater Berlin")?

Anhand dieser Recherche bekommen Sie ein erstes Gefühl fürs Thema und was Suchmaschinen für relevant erachten.

2. Keyword-Relevanz überprüfen
Nachdem Sie Ihr Thema auf Google recherchiert und einige mögliche Keyword-Ideen notiert haben, sollten Sie diese Keywords mit Hilfe von speziellen Keyword-Tools auf Relevanz prüfen. Keyword-Tools zeigen Ihnen, wie häufig ein Keyword im Monat gesucht wird und welche Wettbewerber jeweils auf der ersten Seite zu finden sind. Ist das Suchvolumen zu klein oder der Wettbewerb zu groß, können Sie aus ähnlichen Keywords wählen, die möglicherweise besser zum Thema passen und die Chancen auf Rankings und Klicks entscheidend erhöhen.

So funktionieren Keyword-Tools:

1. Das gewünschte Thema ins Suchfeld eingeben (Bsp.: „seo")
2. Es werden eine Reihe „ähnlicher Keywords" ausgegeben und nach Suchvolumen sortiert. (Bsp. „seo agentur", „seo optimierung", „seo beratung")
3. Aus dieser Auswahl das treffendste Keyword auswählen und den Artikel dafür optimieren.
   Der CPC (Cost per Click) sagt, was ein Klick auf Google Ads für das Keyword kosten würde und je geringer der Wettbewerb, desto größer sind die Chancen für gute Rankings (vgl. Abb. 6).

Keywords mit besonders hohem Suchvolumen sind häufig auch besonders umkämpft. Wählen Sie also das Fokus-Keyword nicht nur nach Suchvolumen aus, sondern verwenden Sie exakt den Begriff, der ihr Thema am treffendsten beschreibt. Verwenden Sie im Keyword eine Jahreszahl, wenn es sich um ein

Keyword	Suchvolumen	CPC	Wettbewerb
seo	33.100	5,79 €	38%
suchmaschinenoptimierung	18.100	10,49 €	48%
seo agentur	8.100	19,88 €	41%
seo optimierung	6.600	11,14 €	54%
backlink	3.600	3,20 €	46%
seo beratung	3.600	36,56 €	23%
seo berater	3.600	36,56 €	23%
google seo	2.900	11,42 €	42%
google ranking	2.900	6,46 €	33%
marketing seo	2.900	6,80 €	41%

Abb. 6   Bsp. Keyword-Recherche mit Keyword-Tools.org

wiederkehrendes Event („Rock am Ring 2023") handelt, oder einen Ort, wenn es sich auf eine bestimmte Stadt bezieht („SEO Berater Berlin").

Für die Keyword-Recherche gibt es einige kostenlose Tools, die sogar ganz ohne eine Registrierung nutzbar sind und enorm dabei helfen, für die richtigen Suchbegriffe zu optimieren.

- https://app.sistrix.com/de/keyword-tool
- https://www.keyword-tools.org/
- https://keywordtool.io/
- https://moz.com/explorer
- https://www.hypersuggest.com/de/

Keyword sinnvoll platzieren

Wenn Sie das Fokus-Keyword für Ihren Artikel bestimmt haben, sollte es in folgenden Elementen platziert werden:

1. Title Tag
2. Meta Description
3. Zwischenüberschriften
4. Fließtext (mehrfach!)

Häufig ist die Suchintention hinter einem Suchbegriff nicht eindeutig. Sucht jemand, der nach „grüne tomaten" sucht nach dem Gemüse oder nach dem Film? Bei nicht eindeutigen Suchanfragen platziert Google normalerweise Ergebnisse für beide Varianten auf Seite 1. Da offenbar häufiger nach dem Gemüse gesucht wird, wird diese aktuell auf Position 1 ausgespielt, der Wikipedia-Eintrag zum Film aus dem Jahr 1991 findet sich auf Position 3. So können beide Suchintentionen bereits auf Seite 1 bedient werden. Auch deshalb ist es unerlässlich, sich die Suchergebnisse zu einem Keyword vorab genau anzusehen und zu analysieren, welche Suchintention Google erkennt und (aktuell) bevorzugt behandelt. Wäre der Film ganz neu im Kino und sehr populär, würde er vermutlich auch die Suchergebnisse dominieren. Die Suche ist also ständig in Bewegung, und deshalb sollten auch Seiten immer wieder optimiert werden.

Stellen Sie nach einiger Zeit fest, dass Sie mit dem gewählten Keyword einfach nicht punkten können und im Ranking nicht nach vorne kommen, können Sie den Text auch nachträglich noch auf ein anderes Keyword mit weniger Wettbewerb optimieren. In den meisten Fällen werden Sie aber mit einer Seite für eine Vielzahl von Keywords ranken, manche Artikel ranken für Tausende Keywords, obwohl sie nur für eins optimiert wurden. Die Varianten möglicher Suchanfragen zu jedem Thema sind unendlich. In diesem Fall optimieren Sie einfach weiter auf das bereits rankende Keyword mit dem größten Suchvolumen.

Wichtige Fragen zur Keyword-Recherche

- Welche Suchintention soll der Beitrag beantworten?
- Wer ist die Zielgruppe des Beitrags?
- Welches ist der treffendste Suchbegriff, mit dem der Beitrag gefunden werden soll?
- Wer rankt zu diesem Keyword aktuell ganz vorne? (Warum?)
- Wie groß ist das Suchvolumen pro Monat? (Lohnt sich der Aufwand?)
- Wie umfassend und seriös sind die Texte der obersten Suchtreffer?
- Welche möglichen Fragen gibt es zu diesem Keyword? (W-Fragen!)
- Haben wir bereits Artikel zum Keyword? (internen Wettbewerb vermeiden!)
- Stimmen Thema und die Treffer auf Seite 1 inhaltlich überein? (Suchintention beachten!) ◄

▷ **Tipp** Ohne eine ausführliche Keyword-Recherche gibt es kaum Chancen für Rankings in Suchmaschinen.

Schritt 4: Wettbewerb analysieren

Sie kennen nun die Suchbegriffe, mit denen die Seite gefunden werden soll. Aber nun gibt es eine weitere Hürde, die zwischen Ihnen und der angepeilten Position 1 auf Google steht: Es gibt Hunderttausende andere Seiten, die zum selben Keyword ganz vorne ranken wollen. Dieser Wettbewerb ist anders, als Sie ihn aus der Offline-Welt kennen. Selbst branchenfremde Seiten wie Wikipedia, Nachrichtenmagazine und kleine Blogs können Ihnen den Platz an der Sonne streitig machen. Wo stehen Sie also im Vergleich zu diesen Wettbewerbern? Diese Frage beantwortet Google erst, nachdem ein Beitrag veröffentlicht wurde. Es kann Tage, Wochen oder sogar Monate dauern, bis Google eine neue Seite im Index einsortiert. Nur sehr selten wird ein Artikel von Google sofort auf Seite 1 auftauchen. Es ist also nicht damit getan, einmal einen Artikel zu veröffentlichen und ihn dann zu vergessen, sondern jetzt beginnt die Arbeit der Suchmaschinenoptimierung erst.

Wenn Google die neue Seite irgendwo in den Top 100 unter Millionen Wettbewerbern ausspielt, ist das zwar ein erster kleiner Erfolg, Klicks bekommt man dadurch aber noch nicht. Wird der Artikel um Position 30 herum angezeigt, ist das bereits ein recht sicheres Zeichen dafür, dass Google den Artikel zwar als relevant einstuft, aber noch nicht als so einzigartig und herausragend, dass er unbedingt auf Seite 1 ausgespielt werden müsste. Jetzt lohnt es sich also, weiter an den Details zu arbeiten.

Für eine Wettbewerbsanalyse lohnt es sich, einige Fragen zu stellen und die Antworten zu recherchieren.

Fragen zum Wettbewerb in der Suchmaschinenoptimierung

- Welche Mitbewerber kämpfen um die gleichen Keywords?
- Wie hoch ist die Sichtbarkeit im direkten Vergleich?
- Mit welchen Keywords generiert der Wettbewerb die meiste Reichweite?
- Mit welchen Keywords steht der Wettbewerb auf Position 1 und warum?
- Wer verlinkt auf den Wettbewerber und warum?
- Welche Fragen beantwortet die Website des Wettbewerbers nicht?
- Gibt es technische Probleme beim Wettbewerber?
- Welche Content-Strategie verfolgt der Wettbewerber? ◀

Wenn Sie noch nicht vorne zu finden sind, können Sie viel vom top rankenden Wettbewerber lernen. Umgekehrt weiß auch Ihr Mitbewerber vieles über Ihre Strategie, sofern er Suchmaschinenoptimierung betreibt. Wer keine SEO macht,

macht sich deshalb angreifbar und bietet dem Wettbewerb die Chance, offensichtliche Schwächen auszunutzen. Und das passiert gerade Marktführern sehr häufig, die sich zu sicher wähnen und sich dann wundern, wenn neue Konkurrenten plötzlich an ihnen vorbeiziehen und sie für Ihre „angestammten" Keywords nicht mehr gefunden werden.

Schritt 5: Content erstellen

Technische Aspekte von Webseiten erkennen Algorithmen problemlos von selbst, bei der Bewertung von Inhalten geraten sie dagegen schnell an eine Grenze. Deshalb arbeitet Google mit Menschen aus aller Welt zusammen, um Suchergebnisse zu bewerten und die qualitative Bewertung von Webseiten zu verbessern. Das Feedback dieser sogenannten Evaluatoren fließt nicht direkt ins Ranking ein, sondern soll dabei helfen, die Algorithmen der Suchmaschine zu verbessern. Den Evaluatoren gibt Google dafür einige Fragen vor, die Sie auch für die eigenen Inhalte selbstkritisch als Checkliste verwenden können (Google, 2020):

Fragen von Google an Search Quality Evalutators

- Bietet die Seite/der Inhalt einen Mehrwert?
- Zeugt der Inhalt der Seite von Aufwand und Kompetenz?
- Ist die Seite frei von Fehlern?
- Ist nicht zu viel Werbung auf der Seite?
- Ist der Inhalt der Seite nicht irreführend?
- Gibt es Informationen über den Autor bzw. den Anbieter?
- Sind die Informationen der Website vertrauenswürdig?
- Ist der Autor vertrauenswürdig?
- Ist die Website einfach nutzbar?
- Würde man der Website persönliche Informationen anvertrauen? ◄

Die E-A-T-Formel

Ein besonders wichtiges Element in Googles Richtlinien, insbesondere für die Themenbereiche Gesundheit und Finanzen, in denen Falschinformationen für Menschen schwerwiegende Folgen haben können, ist die „E-A-T"-Formel: Expertise (E), Authoritativeness (A), Trustworthiness (T). Wer gute Rankings in diesen sensiblen Bereichen haben möchte, muss sich mit seinem Thema sehr gut auskennen (E), sollte als Autorität auf seinem Gebiet bekannt und anerkannt sein (A) und vertrauenswürdige, seriöse Informationen mit Quellenangaben bieten (T). Auch Aktualität ist ein Qualitätsfaktor für Inhalte, der nicht außer Acht gelassen werden darf. Veraltete Informationen werden insbesondere bei Themen mit starkem Wettbewerb schnell aussortiert und fallen schließlich ganz aus den Suchergebnissen.

Wer Inhalte online veröffentlicht, konkurriert gegen ein täglich wachsendes Angebot ähnlicher Seiten. Nischen und Lücken zu finden und diese zu besetzen wird immer schwieriger. Darum gilt: Wer nicht mindestens **den besten Beitrag** zu einem Thema produzieren kann, hat langfristig gesehen auch keine Chance auf nennenswerten SEO-Erfolg. Für erstklassigen Content ist also Kreativität und geballte Kompetenz gefragt. Diese ist in vielen Unternehmen auch vorhanden, etwa in Vertrieb, PR oder Marketing, sie wird nur häufig nicht für SEO genutzt.

> ▷ **Tipp** Die einzige Chance, eine Webseite langfristig als Top Suchtreffer zu etablieren und damit Reichweite zu erzielen, ist **herausragende inhaltliche Qualität!**

Aufbau eines herausragenden Inhalts

Erfolgreiche Inhalte bestehen eher selten aus knappen 300 Wörtern Fließtext, sondern sollen Nutzer mit unterschiedlichem Vorwissen erreichen. Der Inhalt sollte deshalb ausführlich und gut lesbar gestaltet sein und alle Aspekte des Themas nach Priorität sortiert abdecken. Die zentralen Aussagen ganz oben, weitere Details für alle, die es ganz genau wissen wollen, weiter unten. Faustformel: Sei der letzte Klick! Wenn ein Nutzer woanders weitersuchen muss, ist ein Beitrag nicht komplett. Je nach Thema enthalten herausragende informative Inhalte häufig folgende Elemente.

Die folgende Checkliste Content-Aufbau finden Sie auch als Download unter www.contentconsultants.de/checklisten.

Checkliste Content
- **Überschrift mit Keyword: Worum geht es? (kurz)** Eine gute Headline animiert Nutzer zum Lesen.
- **Einleitung mit Fokus auf Nutzer: Was habe ich als Leser davon?** Setzen Sie kein Interesse fürs Thema voraus, wecken Sie Interesse!

- **Aktueller Aufhänger: Warum ist das relevant?** Der aktuelle Aufhänger sollte immer wieder aktualisiert werden (Jahrestage, Geburtstage, Newslage, …)
- **Hauptteil: Worum geht es? (lang)** Nennen Sie nun alle wichtigen Punkte gut lesbar, sauber recherchiert und möglichst umfassend in absteigender Wichtigkeit. Nicht alle werden die Seite komplett lesen, aber das muss kein Nachteil sein, sofern alle das finden, was sie gesucht haben.
- **Bilder/Video/Listen: Ist das Thema auch ohne Lesen zu verstehen?** Nicht alle Nutzer möchten lange Texte lesen. Manchmal sind auch Infografiken, Videos oder Bilder eine sinnvolle Ergänzung.
- **FAQ: Welche Fragen haben Nutzer üblicherweise rund um dieses Thema?** Lassen Sie keine Fragen offen!
- **Nebenaspekte: Was sollte ich sonst noch wissen?** Bieten Sie immer noch ein bisschen mehr Information als der Wettbewerb!
- **Handlungsaufforderung/Call-to-action: Was soll ich als nächstes tun und warum?** Bsp. Newsletter, nächster Artikel, Bestellen, … Viele Nutzer kommen über Suchmaschinen zum ersten Mal auf Ihre Seite, versuchen sie diese zu wiederkehrenden Nutzern zu machen, indem Sie Ihnen Vorteile anbieten (Gutscheine für Newsletter-Abonnenten, Rabatte für Neukunden o. ä.)

Content Marketing als SEO-Strategie

Die meisten Menschen „googlen" nach Information (Jacobs, 2008) und nicht nach Produkten. Wer sucht, will also nicht immer sofort etwas kaufen. Deshalb eignen sich rein informative Beiträge mit Fokus auf die Bedürfnisse der Zielgruppen besonders, um nachhaltige Reichweite über Suchmaschinen aufzubauen. Diese Artikel sollten bestenfalls nur nützliche Informationen enthalten und einfach zu verstehen sein. Dafür bieten sich zum Beispiel folgende Formate an:

- Ratgeber (FAQ, Anleitungen, …)
- Definitionen (Glossar, Wiki, …)
- Guides (Orientierung zu einem bestimmten Themenkomplex)
- Vergleiche/Tests

- Listen (Top 10, „die besten…" etc.)
- Daten und Fakten (Studien, Marktforschung, Umfragen, …)

Wer für Online-Shops optimiert, muss sich mit deutlich weniger Suchanfragen zufriedengeben, da die meisten Nutzer nicht sofort etwas kaufen wollen, und er bzw. sie konkurriert zudem mit zahlreichen anderen Anbietern, deren Angebote und Produkte sich häufig nicht grundlegend unterscheiden, sowie gegen Anzeigen, die Google über den organischen Suchergebnissen platziert. Deshalb ist Content Marketing eine interessante Strategie, über die Vermarktung informativer oder unterhaltsamer Inhalte eine Marke nachhaltig aufzubauen, Reichweite zu generieren und die Nutzer, die die Marke oder das Produkt noch nicht kennen, auf der eigenen Website zu Kunden und Fans zu machen.

Das heißt aber umgekehrt auch: informative Inhalte sind keine Werbung! Sie dürfen nicht mit dem Ziel geschrieben werden, plump etwas zu verkaufen, sondern sind dafür da, ein Problem von potenziellen Kunden zu lösen und eine langfristige Beziehung aufzubauen. Content Marketing ist also häufig eine sinnvolle Ergänzung zur reinen Shop-Optimierung, vor allem, wenn das Produkt erklärungsbedürftig oder noch nicht so bekannt ist und kein Kaufinteresse vorausgesetzt werden kann.

Die richtige Textlänge finden

Auch wenn die Textlänge für sich genommen kein Rankingfaktor ist: Bei der Suche nach Information kann man mit kurzen, knappen Inhalten meistens nicht gegen ausführliche, inhaltlich tiefe Beiträge gewinnen. In der SEO-Szene ist umstritten, wie lang denn nun ein Text für Suchmaschinen sein sollte. Dafür gibt es keine pauschalen Vorgaben, schließlich hängt es davon ab, wonach gesucht wird. Aber ausführliche Artikel ranken häufig für eine Vielzahl unterschiedlicher Keywords und haben deshalb auch mehr Reichweitenpotenzial als knappe Definitionen. Manche Artikel ranken sogar zu Hunderten Keyword-Kombinationen in den Top 10 bei Google. Insbesondere, wenn auf den ersten Positionen bereits lange, ausführliche Texte zu finden sind, werden Sie vermutlich nicht mit kurzen Texten ranken können.

Eine Studie von Searchmetrics (2018) zeigt, dass die Top 10 Seiten zum Thema „Finanzplanung" im Schnitt aus 2500 Wörtern Text bestehen und die Top 10 zu „Reiseziele" nur aus 1000 Wörtern (vgl. Abb. 7). In diesem Spektrum sollte man sich also ungefähr bewegen, um Inhalte mit ausreichend „Fleisch" zu bieten. Im Schnitt wurden in der Studie 1500 Wörter als grober Richtwert

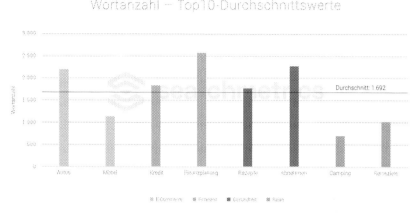

Abb. 7 Textlängen von Top 10 Treffern nach Branche. (Quelle: Searchmetrics)

für Top 10 Rankings ermittelt. Unternehmen neigen erfahrungsgemäß dazu, die Qualität und Tiefe ihrer Inhalte im Vergleich zum Wettbewerb eher zu über- als zu unterschätzen. Vergleichen Sie deshalb immer selbstkritisch die Inhalte der top rankenden Wettbewerber mit Ihren eigenen und überlegen Sie, welcher Inhalt objektiv betrachtet der bessere ist und was der Umfang eventuell damit zu tun haben könnte.

> **Tipp** Schreiben Sie alles Wichtige zum Thema auf, ohne Ihren Nutzern wichtige Informationen vorzuenthalten, aber auch ohne sie mit unwichtigen Details zu langweilen – dann ist die Textlänge genau richtig!

Inhalte regelmäßig optimieren und aktualisieren

Eine der mächtigsten SEO-Waffen ist gleichzeitig auch die einfachste: aktualisiere und optimiere deine wichtigsten Inhalte regelmäßig und platziere sie immer wieder prominent auf der Startseite. Google erkennt inzwischen sehr gut, ob eine Webseite gepflegt wird oder veraltete Inhalte enthält. Entsprechend fällt das Ranking mit der Zeit ab, wenn eine Seite im Archiv verstaubt oder veraltete Informationen enthält. Umgekehrt wird frischer Content immer wieder nach oben gespült und bringt entsprechende Nutzersignale. Wer also nicht aus dem Index herausfallen möchte, sollte seine eigenen Top-Artikel kennen und sie alle paar Monate inhaltlich auffrischen und verbessern. Wenn der Wettbewerber sich diese Arbeit nicht macht – und viele tun das nicht – stehen die Chancen gut, dass der Artikel mit der Zeit immer weiter im Ranking steigt und sich vor den Wettbewerb schiebt.

Mit wachsender Erfahrung fällt es immer leichter, die Prioritäten zu erkennen und die Effekte der fortlaufenden Optimierung einzuschätzen. Mit mehr guten Rankings stabilisiert sich die Reichweite einer Website und liefert nachhaltig Ergebnisse in Form von mehr Klicks und mehr Umsatz. Und wenn Sie dann die größten Wettbewerber im Ranking überholen, fängt die Suchmaschinenoptimierung an, so richtig Spaß zu machen. Bleiben Sie also immer am Ball und optimieren Sie auch im Detail. Betrachten Sie eine Webseite nie als fertig, sondern als „work in progress".

Was passiert mit den nicht so relevanten Inhalten? Diese sollten Sie konsequent löschen. Dazu gehören vor allem Inhalte, die keine Klicks mehr generieren. Archive mit alten News oder Pressemitteilungen braucht wirklich kein Mensch. Akten werden in der Regel nach spätestens 10 Jahren vernichtet, halten Sie es mit Ihrer Website genauso!

Mit den folgenden Fragen können Sie jeden Inhalt der Website überprüfen und fortlaufend optimieren. Die vollständige Checkliste finden Sie als Download unter www.contentconsultants.de/checklisten.

Checkliste Text
- **Beantwortet der Text alle Fragen der Zielgruppen zum Thema?** Recherche-Tipp: Google bietet zu vielen Themen ein FAQ-Snippet „Ähnliche Fragen" sowie Google Suggest („ähnliche Suchanfragen") unterhalb der Suchergebnisse.
- **Steht das Fokus-Keywords in Title, Headline und mehrfach auch im Text?** Damit stellen Sie sicher, dass Nutzer und Suchmaschinen auch beim schnellen Überfliegen ohne Nachdenken erfassen können, worum es im Text geht.
- **Stehen auch relevante Synonyme zum Fokus-Keyword im Body Text?** Achten Sie darauf, dass der Text sich nicht wie Spam liest. Google versteht auch Synonyme und kann Sie auch dafür ranken.
- **Sind die Sätze kurz und gut lesbar?** Viele Menschen überfliegen online Texte nur. Deshalb ist es besonders wichtig, kurz und klar zu formulieren. Reduzieren Sie die Nebensätze.
- **Sind keine Füllwörter und unwichtige Aussagen enthalten?** In den meisten Fällen sind Wörter wie z. B. „nämlich, ziemlich, relativ,

eigentlich, beziehungsweise" überflüssig und können deshalb gelöscht werden.

- **Ist der Artikel übersichtlich strukturiert?** Folgt nach spätestens vier-fünf Zeilen Text ein Absatz? Bitte prüfen Sie die Darstellung der Inhalte auch auf kleinen mobilen Displays.
- **Sind sinnvolle Zwischenüberschriften vorhanden?** Bestenfalls lässt sich der Inhalt nur durch das Lesen der Zwischenüberschriften erfassen.
- **Sind Aufzählungen und Listen enthalten, statt langer wortreicher Beschreibungen?** Besonders komplexe Zusammenhänge sollten mög-lichst kompakt dargestellt werden.
- **Sind Textmenge und inhaltliche Tiefe ausreichend im Vergleich zu den bereits top rankenden Artikeln?** Behandeln diese ein Thema bereits ausführlicher, gibt es für Suchmaschinen keinen Grund Ihre Seite zu bevorzugen.
- **Ist der Text aktuell und hat kein eingebautes Verfallsdatum?** Werden Jahreszahlen verwendet, zum Beispiel bei wiederkehrenden Ver-anstaltungen, sollten diese jährlich aktualisiert werden.
- **Ist der Text nützlich und informativ für die Zielgruppen?** Recherchieren Sie gründlich und lassen Sie keine wichtigen Details aus.
- **Kommt der Text ohne werbliche Aussagen aus?** Stellen Sie jederzeit die Interessen Ihrer Nutzer ins Zentrum, nicht sich selbst.
- **Sind Bilder und ggf. Videos enthalten, die das Verständnis erleichtern?** Nicht jeder mag viel Text, manche Menschen sehen sich lieber Videos oder Bilder an.
- **Enthält jeder Artikel eine Handlungsaufforderung?** Z. B: „Kaufen", „Newsletter bestellen", weiteren Artikel anklicken, Kontakt aufnehmen … Formulieren Sie in einem Satz, was die Nutzer genau tun sollen und die Vorteile.

Schritt 6: Links setzen

Hyperlinks sind die Grundlage des World Wide Web. Ohne Links könnte kein einziges Dokument gefunden werden. Deshalb ist eine sinnvolle Linkstruktur eine der wichtigsten SEO-Strategien und hat einen großen Einfluss auf die Position im Ranking von Suchmaschinen.

Grundsätzlich unterscheiden SEOs drei Arten von Links:

1. **Interne Links:** Verlinkungen auf die eigene Seite
2. **Externe Links:** Links zu anderen Domains
3. **Backlinks:** Links von anderen Domains auf die eigene

Die einfache Grundregel für sinnvolle Links lautet: Gut ist, was Nutzer sinnvoll von A nach B führt und ihre Suche zu einem erfolgreichen Abschluss bringt. Google honoriert das durch eine bessere Platzierung im Suchindex.

Interne Links für eine sinnvolle Nutzerführung

Wer seine Zielgruppen erreichen möchte, muss sich genau überlegen, was unterschiedliche Nutzertypen brauchen und wie diese Inhalte auf der Startseite priorisiert werden können. Diese Überlegung kommt auf vielen Webseiten zu kurz. Bieten Sie immer mehrere Optionen an. Lassen Sie dem Nutzer die Wahl durch die Bereitstellung mehrerer Links zu einem Thema, abhängig von individuellen Interessen oder Vorwissen. Wenn Google nicht sicher ist, was mit einer Suchanfrage gemeint ist, werden auf Seite 1 unterschiedliche Varianten angeboten, mit deren Hilfe die Suche verfeinert werden kann. Machen Sie es einfach genauso! Führen Sie Ihre Kunden so durch die Seite, dass sie mit möglichst wenigen Klicks das Gesuchte finden können.

Checkliste für interne Links
- **Auf den herausragenden Content verlinken:** Verlinken Sie Ihre wichtigsten und populärsten Inhalte auf der Startseite
- **Viele interne Links setzen:** Verlinken Sie wie Wikipedia auf jedes Keyword, zu dem Sie eine eigene Seite haben.
- **Verständlichen Ankertext formulieren:** Klicken Nutzer wohl eher auf einen Link mit dem Wort „hier" oder auf den Link mit einem klar verständlichen Ankertext wie „10 Tipps für bessere Online PR"?
- **Alle relevanten Inhalte verlinken:** Jede einzelne Seite sollte mit maximal drei bis vier Klicks von der Homepage aus erreichbar sein. Je mehr Klicks man benötigt, um eine Seite zu finden, desto weniger Traffic bekommt sie.
- **Ähnliche Themen verlinken:** Dass alle Nutzer dasselbe suchen ist eher unwahrscheinlich, also bieten Sie weitere Artikel zum Thema an.

Best Practice interne Verlinkung: hometogo.de

Die Ferienwohnungsplattform Hometogo.de hat mit konsequenter Suchmaschinenoptimierung innerhalb weniger Jahre ein erstaunliches Wachstum hingelegt und hinsichtlich der Sichtbarkeit in Suchmaschinen viele etablierte Wettbewerber wie Airbnb.de überholt. Der Grund für den Erfolg der Seite liegt nicht etwa im außergewöhnlichen Content, sondern in der smarten internen Verlinkung begründet (vgl. Abb. 8).

Auf der Startseite werden alle beliebten Reiseziele (Länder und Regionen) aufgelistet in Reihenfolge der Popularität. Diese Links werden ohne viel ablenkenden Text als Liste angeboten und nicht in einem Menü versteckt. Nutzer können also sofort in der Region suchen, die sie interessiert, egal ob das die Nordsee, Mallorca oder die Karibik ist. Auf den dann folgenden Seiten werden die populärsten Angebote der jeweiligen Urlaubsregion angeboten. Nutzer können also von der Startseite mit nur einem Klick zum Reiseziel ihrer Wahl gelangen und finden dort alle Informationen und eine Reihe von Angeboten. Die interne Suchmaschine muss vom Nutzer nicht bemüht werden.

Den Erfolg seines Projekts erklärt der Head of SEO Dominik Schwarz so:

„Keine Tricks, keine Shortcuts, denn wir optimieren nicht für Suchmaschinen, sondern für Menschen. Sichtbarkeit ist gewissermaßen der Nebeneffekt einer technisch und inhaltlich großartigen Webseite." (Dominik Schwarz, Sistrix, 2019) ◄

Top 15 Orte für Urlaub am Meer

Sanfte Brise, weisser Sand und klares Wasser: So sieht für viele der Traumurlaub aus. Mieten Sie sich ein Ferienhaus oder eine Ferienwohnung möglichst nah am Wasser und genießen Sie Ihre Auszeit!

Ostsee	Dänemark
Nordsee	Kroatien
Kühlungsborn	Warnemünde
Cuxhaven	Sankt Peter-Ording
Norddeich	Timmendorfer Strand
Binz	Boltenhagen
Büsum	Scharbeutz
Greetsiel	

Top 10 Urlaubsregionen in Deutschland

Lust auf Wandern, Schwimmen, gutes Essen und Natur pur? Gründe für einen Urlaub in den beliebtesten Regionen Deutschlands gibt es viele. Finden Sie ein Ferienhaus im Reiseziel Ihrer Wahl, das Ihren Wünschen entspricht!

Bodensee	Harz
Allgäu	Eifel
Bayern	Bayerischer Wald
Chiemsee	Spreewald
Mecklenburgische ...	

Top 15 Reiseziele in Europa

Sie zieht es in den faszinierenden Norden oder ans türkisblaue Mittelmeer? Wunderbar - Ferienhäuser finden Sie mit uns überall! Entdecken Sie die beliebtesten Urlaubsregionen Europas:

Italien	Schweden
Frankreich	Toskana
Spanien	Österreich
Deutschland	Norwegen
Niederlande	Bretagne
Lago Maggiore	Istrien
Kreta	Gardasee
Barcelona	

Abb. 8 Hometogo bietet schon auf der Startseite Links zu allen populären Reisezielen (Screenshot)

Externe Links als Quellenverweis

Während man theoretisch beliebig viele interne Links auf seinem Angebot platzieren kann, ist bei externen Links auf andere Seiten Vorsicht geboten. Externe Links sollten in erster Linie als Quellenverweis eingebunden werden, zum Beispiel bei Zitaten oder Daten. Das unterstreicht die Seriosität eines Textes. Ein externer Link sollte allerdings eher nicht zur unmittelbar um Rankings konkurrierenden Seite führen, da er sonst den verlinkten Wettbewerber stärkt. Auch mit der Menge externer Links sollte man eher sparsam sein. Setzen Sie nur externe Links, die inhaltlich notwendig sind und Nutzern bei der Orientierung weiterhelfen. Bei kommerziellen Links, z. B. Shop Links, Partnerlinks oder gesponserten Beiträgen kann es notwendig sein, diese als „nofollow" bzw. „sponsored" zu kennzeichnen.

Backlinks als Zeichen von inhaltlicher Relevanz

Wer häufig von anderen Seiten „zitiert" wird, also viele so genannte „Backlinks" erhält, gilt als relevante Quelle, und diese Information nutzen auch Such-maschinen. Backlinks als Grundlage der Bewertung von Webseiten machten Google Ende der 90er-Jahre zur nützlichsten Suchmaschine. Die Gründer Sergey Brin und Larry Page orientierten sich dabei am „Impact Factor" wissen-schaftlicher Publikationen. Dieser bemisst, wie häufig Artikel innerhalb eines Jahres zitiert wurden. Bei Google heißt dieser Impact Factor „Page Rank". Da sich schnell Marktplätze für den Linkkauf etablierten, um mehr Backlinks zu bekommen und den Page Rank zu steigern, unterscheidet Google spätestens seit seinem Penguin Update 2012 natürliche von künstlichen Links, die keine inhalt-liche Relevanz haben. Google ist schlicht zu intelligent geworden und erkennt immer mehr manipulative Techniken.

Es gibt zwar nach wie vor viele SEO-Agenturen, die sich auf kreatives „Linkbuilding" (also: den Kauf von Links) spezialisiert haben und Links als ein-zige Geheimwaffe im SEO anpreisen, das ist allerdings mit Vorsicht zu genießen. Linkbuilding ist vergleichsweise teuer (und damit ein gutes Geschäft für die Agenturen) und kann häufig problemlos als Manipulation erkannt und abgestraft werden. Zudem können Webseiten sehr wohl auch ohne Backlinks in Such-maschinen ranken, aber umgekehrt wird nicht jede Seite mit vielen Backlinks auch automatisch besser in den Suchergebnissen platziert. Am Ende kommt es also doch immer auf die Qualität der Inhalte an. Investieren Sie Ihre begrenzten

Ressourcen deshalb zunächst lieber in die Optimierung von Inhalten. Sind diese wirklich herausragend, wird auch früher oder später jemand als Referenz darauf verweisen, übrigens auch ganz ohne dafür bezahlen zu müssen.

Schritt 7: Content teilen

Die Webseite ist nun technisch und inhaltlich für Suchmaschinen und Menschen optimiert und der Wettbewerb um die begehrte Position 1 bekannt. Was jetzt noch fehlt zum bahnbrechenden SEO-Erfolg ist, den Artikel im Netz zu streuen und aktiv darauf aufmerksam zu machen. Je mehr Links von themenverwandten und relevanten Seiten, desto mehr Nutzer finden ihn.

Die Inhalte sollten also auf allen Kanälen gestreut werden, auf denen Ihre spezielle Bedarfsgruppe erreicht werden kann. Welche Medien und Kanäle dafür die besten sind, hängt von der jeweiligen Branche ab. Es lohnt sich also, wie in der klassischen PR, eine entsprechende Recherche durchzuführen und Kontakte zu knüpfen.

Folgende Kanäle stehen neben kostenpflichtigen Anzeigen fürs „Content Seeding" zur Verfügung:

1. **Startseite:** Platzieren Sie alle wichtigen und alle neuen Inhalte gut sichtbar auf der eigenen Startseite.
2. **Newsletter:** Informieren Sie Ihre potenziellen Kunden über neue Beiträge.
3. **Social Media:** Social Media hat zwar keinen direkten Einfluss auf SEO, bringt aber trotzdem mehr Nutzer auf eine Seite, die den Beitrag dann wiederum teilen können.
4. **Blogs:** Bieten Sie Gastartikel an, um darin auf Ihren Artikel zu verweisen, um sich als Experte auf Ihrem Gebiet zu präsentieren. Gastartikel dürfen aber nicht werblich geschrieben sein.
5. **Pressearbeit:** Achten Sie bei Presseinformationen darauf, dass auch Links zu wichtigen Seiten eingebunden und angeteasert werden.
6. **Foren:** Gibt es reichweitenstarke, seriöse Foren zu Ihrem speziellen Themengebiet, bei denen Sie sich anmelden und als Experte mitdiskutieren können?
7. **SEO:** Optimieren Sie jede inhaltlich relevante Seite für Suchmaschinen, sodass diese von mehr Menschen gefunden werden.
8. **Mail:** Teasern Sie wichtige neue Inhalte regelmäßig im Mail-Footer an. Je mehr Mitarbeiter Mails versenden, desto effektiver wird diese Strategie, da diese Artikel dann auch von Kunden und Partnern gesehen und bestenfalls geteilt werden.

Abb. 9 Openlinkprofiler macht die Backlinks sichtbar. (Quelle: www.openlinkprofiler.org)

Von alleine findet niemand Ihre Seite, Sie können aber auch ohne teures Link Building dafür sorgen, Ihre Zielgruppen auf die Seite zu holen. Es lohnt sich, dazu regelmäßige Meetings zu machen, um gemeinsam zu überlegen, wie bestimmte Artikel sinnvoll und strategisch „vermarktet" werden können. Denn nichts anderes ist Content Marketing: die Vermarktung von Inhalten mit dem Ziel, Reichweite und Umsatz zu steigern. Geben Sie potenziellen Linkgebern durch inhaltliche Qualität und Zitierwürdigkeit einen guten Grund, auf sie als relevanteste Quelle zum Thema zu verweisen.

Backlink Tool: Openlinkprofiler

Openlinkprofiler bietet einen kostenlosen Backlinkchecker, um zu sehen, wer auf Ihre Website verlinkt, auf welchen Inhalt und mit welchen Begriffen. Das gibt wichtige Hinweise darauf, welcher Content als besonders relevant eingestuft wird und möglicherweise weiter ausgebaut werden sollte. Diese Recherche lässt sich für jeden Artikel durchführen. Besonders sinnvoll ist ein Backlinktool auch, um Backlinks aufseiten von Wettbewerbern zu finden und die Linkgeber auf Ihr Angebot aufmerksam zu machen.

Die Ergebnisse der Backlinkrecherche werden sofort und ohne vorherige Anmeldung angezeigt (vgl. Abb. 9).

Schritt 8: SEO-Performance messen

Sofern Sie alle sieben Schritte bis hierher beherzigt und umgesetzt haben, steht guten Rankings eigentlich nichts mehr im Weg. Der Erfolg von SEO lässt sich nun mit speziellen Werkzeugen messen und belegen. Die wichtigsten Daten für die Google Suche liefert Google selbst.

Google Tools

Google bietet als dominierende Suchmaschine selbst einige Tools zur Suchmaschinenoptimierung, und das ist durchaus zum eigenen Nutzen: Je besser die angebotenen Websites im Suchindex sind, desto angenehmer ist auch die Nutzung des WWW und einer Suchmaschine. Suchmaschinen profitieren also maßgeblich von der Kreativität und der Kompetenz der Millionen Publisher, die Inhalte auf eigenen Seiten veröffentlichen, geben diesen aber auch etwas zurück: signifikante Reichweiten.

Die folgenden beiden Werkzeuge sind unverzichtbar für die Suchmaschinenoptimierung.

1. **Google Search Console (alternativ: Bing Webmastertools)**
   Um zu sehen, wie die eigene Website auf Google performt ist die Nutzung der Google Search Console unerlässlich. In der Search Console erhalten Seitenbetreiber alle wichtigen Daten von Google, angefangen von den Rankings, den Klickraten im Suchergebnis oder den Impressionen Ihrer Seite in der Suche. Zwar bietet auch Bing eigene Webmastertools mit ganz ähnlichen Funktionen, diese beinhalten aber aufgrund der deutlich geringeren Nutzung der Suchmaschine von Microsoft auch weniger Daten.

2. **Google Analytics (alternativ: Matomo)**
   Google Analytics misst jeden einzelnen Klick auf Ihrer Seite und generiert zahlreiche Statistiken zu Seitenaufrufen, Besucherzahlen, Demografie oder Akquisition. Diese Nutzungsdaten sind die Grundlage für die Suchmaschinenoptimierung, hier schlagen sich Erfolge oder Misserfolge direkt nieder. Wer trotz der Anonymisierung von Analytics Datenschutz-Bedenken hat, kann alternativ andere Analysetools wie z. B. Matomo direkt auf dem eigenen Server installieren, somit werden keine Nutzungsdaten an Dritte übermittelt. Google kann allerdings Nutzungsdaten von Webseiten ganz einfach über seinen weit verbreiteten Chrome Browser (weltweiter Marktanteil 2020: 70 %) messen.

Die wichtigsten Kennzahlen für den SEO-Report

„Ein guter SEO-Report sollte in zwei Bereiche aufgeteilt sein: Er beginnt mit den Kennzahlen für die operative Steuerung im ersten Teil und geht in die Kennzahlen für den langfristigen Erfolg über. Letzteres, also organischer Traffic, erzielte Leads und Umsätze, stellen sich bekanntermaßen nur mit relativ großem Zeitverzug ein, sodass Sie uns für die tägliche Arbeit keine Anhaltspunkte geben, welche Aufgaben als Nächstes anstehen."

Dominik Schwarz / Head of SEO bei Hometogo.de

Die relevanten Kennzahlen für die Suchmaschinenoptimierung müssen von jedem Unternehmen individuell definiert werden. Es ist dabei zu empfehlen, lieber einige wenige wichtige Kennzahlen in den Blick zu nehmen, von denen sich konkrete Maßnahmen ableiten lassen, als eine Flut von Daten zu erheben, die keine Aussagekraft besitzen oder sogar irreführend sind. Da es bei der Suchmaschinenoptimierung vor allem um Qualität von Inhalten geht, lässt sich nicht alles in Zahlen darstellen. Deshalb ist eine Priorisierung der wichtigsten Kennzahlen essenziell und sollte immer wieder kritisch hinterfragt werden.

Die wichtigsten SEO-Kennzahlen im Überblick

1. **Sichtbarkeit**
   Viele SEO-Tools bieten einen eigenen Sichtbarkeitsindex, ähnlich einem Aktienindex. Damit kann die Sichtbarkeit von Wettbewerbern für ein repräsentatives Set von Keywords auf Google verglichen werden, auch ohne die genauen Reichweiten der Wettbewerber zu kennen. Mit einem Sichtbarkeitsindex können Sie außerdem auf einen Blick erkennen, ob die SEO-Maßnahmen Erfolg haben und die Rankings einer Domain im Zeitverlauf insgesamt steigen oder ob es Probleme gibt und die Sichtbarkeit in Suchmaschinen fällt.
2. **Positionen (auf Google)**
   Nur auf Seite 1 erzielt man Klicks in Suchmaschinen. Deshalb sollten die Rankings der wichtigsten Keywords fortlaufend gemessen werden. Aus diesen Daten können Sie ableiten, um welche Themen Sie sich mit Priorität kümmern sollten. Behalten Sie besonders die Top-10-Keywords mit hohem Suchvolumen im Blick, denn diese sind verantwortlich für einen Großteil der Reichweite. Besonders spannend sind aber auch die Chancen-Keywords auf Seite 2 und 3 (also von Position 11 bis 30), die kurz vor dem Sprung in die Top 10 stehen. Hier lohnt sich die Optimierung besonders.
3. **CTR (Click-Through-Rate)**
   Rankt ihre Seite auf Position 1 auf Google hat aber nur eine CTR von 5 % ist das ein sicheres Anzeichen dafür, dass das Google Snippet (Title und Meta Description) nicht gut genug formuliert ist.
4. **Impressions/Suchvolumen/Klicks**
   Um zu wissen, ob ein Keyword überhaupt gesucht wird, ist es wichtig, das Suchvolumen zu kennen. Sie können etwa für „Poetry Slam buchen" auf Position 1 ranken, aber trotzdem kein Geschäft machen, weil das Keyword kaum gesucht wird, das Produkt nicht bekannt ist und deshalb kein Bedarf

vorhanden ist. Wenn Sie umgekehrt für eine Suche mit hohem Suchvolumen zwar bereits ranken, aber kaum Klicks erzeugen, dann ist das ein sicherer Hinweise dafür, dass sich eine Optimierung für das entsprechende Keyword lohnt.

5. **Conversion Rate**

   Die Conversion Rate sagt, wie viele Besucher der Website zu Kunden werden. Diese Kennzahl ist vor allem für Shops und transaktionale Keywords mit Worten wie „kaufen", „bestellen" oder „buchen" wichtig, um den Erfolg zu messen. Für informationelle Keywords können Klicks auf einen Call-to-action (CTA) wie zum Beispiel das Abo eines Newsletters oder Teilen auf Social Media als Conversion definiert werden.

6. **Absprungrate und Durchschnittliche Sitzungsdauer**

   Absprung heißt, ein Nutzer klickt nur auf eine Seite und ist danach weg. Für sich betrachtet hat diese Metrik keinerlei Aussagekraft, der Nutzer kann entweder schnell fündig geworden sein oder sich frustriert abgewendet haben. Nur in Verbindung mit der Sitzungsdauer verrät uns die Absprungrate etwas über die Zufriedenheit. Ist die Sitzungsdauer hoch, hat sich der Nutzer die Inhalte komplett durchgelesen, ist die Sitzungsdauer nur wenige Sekunden, war der Nutzer mit der Seite möglicherweise nicht zufrieden.

7. **Nutzer (von Suchmaschinen)**

   Die Entwicklung der Nutzerzahlen gibt an, wie erfolgreich alle SEO-Maßnahmen insgesamt langfristig betrachtet sind. Suchmaschinenoptimierung sollte immer mehr Nutzer auf eine Seite bringen, eine Vervielfachung der Reichweite ist mit Hilfe von SEO nicht selten. Pauschal lässt sich das aber nie vorhersagen, da die Nutzerzahlen von einer Fülle verschiedener Faktoren abhängen.

8. **Seiten pro Sitzung**

   Sofern es sich nicht um einen Shop, sondern um ein werbefinanziertes Online-Medium handelt, ist die Zahl der Seiten pro Sitzung wichtig, da sie darüber entscheidet, wie viel Werbeeinblendungen verkauft werden können. Ein Shop hat das Ziel, dass die Nutzer sofort kaufen, ohne sich andere Seiten anzusehen. Werbefinanzierte Medien hingegen möchten ihre Nutzer möglichst lang auf den eigenen Seiten behalten und ihnen mehrere „ähnliche Artikel" anbieten, um mehr Werbung einblenden zu können.

9. **Ladezeiten (Core Web Vitals)**

   Google betont, dass die Ladezeiten künftig stärker ins Ranking mit einfließen werden. Schließlich sind schnelle Ladezeiten gleichbedeutend mit Nutzerfreundlichkeit. Die Ladezeiten lassen sich mit der Google Search Console unter dem Punkt „Core Web Vitals" einfach messen.

Google verwendet dort ein einfach zu verstehendes Ampelsystem und bietet Entwicklern ein Reporting mit ausführlichen Erläuterungen für Optimierungspotenziale.

10. **Kanäle (Akquisition)**
Woher kommen Ihre Nutzer? Diese Information finden Sie in Google Analytics unter dem Menüpunkt „Akquisition". Hier finden Sie auch die Antwort darauf, wie wichtig SEO für Ihr Unternehmen bereits ist, denn in den meisten Fällen sollte die überwiegende Mehrheit der neuen Nutzer über Suchmaschinen auf die Seite finden. Ist das nicht der Fall, ist häufig mangelhafte Suchmaschinenoptimierung der Grund.

Vereinbaren Sie zum Start der Suchmaschinenoptimierung, welche Ziele realistisch und welche Kennzahlen dafür relevant sind. Unklare, unsinnige oder gar falsch interpretierte Kennzahlen können teure Fehlentscheidungen zur Folge haben, die den Erfolg der gesamten Website gefährden.

Neben den reinen Zahlen sollte die Entwicklung auch bestimmten Ereignissen zugeordnet werden. Gab es zum Beispiel ein Google Update oder eine wichtige Änderung auf der Website, die zu signifikanten Verbesserungen oder Verschlechterungen geführt hat? Halten Sie jede Änderung an der Website schriftlich fest, um die Effekte auf die Performance nach einigen Wochen und Monaten nachvollziehen zu können.

Eine pauschale Reporting-Vorlage geht an den individuellen Bedürfnissen eines Unternehmens vorbei. Deshalb sollte Format, Umfang und Frequenz eines Strategie-Reports direkt mit der Geschäftsführung abgestimmt werden. Zu Beginn der Zusammenarbeit mit einer Agentur oder einem Berater sollte die Erwartungshaltung in einem Workshop abgeglichen werden. Geben Sie SEO mindestens ein halbes Jahr, besser ein Jahr Zeit, um die langfristige Wirkung richtig bewerten zu können.

▶   **Tipp** Suchmaschinenoptimierung ist nie fertig, es geht immer noch ein bisschen besser.

SEO Spezialthemen

Nicht jedes Business braucht zwingend eine Website, die weltweit in Suchmaschinen gefunden werden muss. Unternehmen sind immer gut beraten, sich mit den speziellen Bedürfnissen ihrer jeweiligen Zielgruppen auseinanderzusetzen.

Lokale Suchmaschinenoptimierung

Lokale Ladengeschäfte haben meistens nicht das Personal, die Zeit und das Budget, um in Online-Inhalte zu investieren. Trotzdem bieten viele ihre Dienstleistungen und Produkte inzwischen auch online an. Google bietet mit „Google My Business" deshalb lokalen Geschäften die Möglichkeit, ihr Unternehmen direkt auf Google Maps einzutragen und damit in ihrer jeweiligen Region in den Suchergebnissen sichtbar zu werden – auch ohne eine eigene Website zu besitzen. Dazu müssen Sie sich nur registrieren, einen Fragebogen ausfüllen und Bilder hochladen. Fertig. Damit funktioniert „Google My Business" wie ein Brancheneintrag. Ist der Eintrag erstellt, erscheint Ihr Geschäft anschließend in Google Maps, wann immer jemand in Ihrer unmittelbaren Nähe nach ihrem Geschäftsfeld sucht, zum Beispiel „Schuhmacher", „Friseur", „Rechtsanwalt" oder „Steuerberater". Nutzern werden dabei immer die Treffer im näheren Umfeld angezeigt.

Wurde ein Geschäft von jemand anderem als den Inhabern eingetragen, zeigt Google einen kleinen Link „Inhaber dieses Unternehmens?" unterhalb des Eintrags an. Handelt es sich dabei um Ihr Unternehmen, klicken Sie auf den Link und legen Sie ihr Unternehmensprofil bei „Google My Business" an. Dabei müssen Sie einen Nachweis erbringen, dass Ihnen das Unternehmen gehört. Google begleitet Sie durch diesen Prozess und gibt Tipps zur Optimierung.

U. Raaf, *Der SEO Planer,* essentials, https://doi.org/10.1007/978-3-658-37686-4_5

Folgende Elemente können Sie bei Google My Business unter „Info" anlegen und pflegen:

- Unternehmensname
- Kategorie/Branche
- Adresse
- Öffnungszeiten
- Einzugsgebiet
- Telefonnummer
- Homepage Link
- Links für Termine
- Produkte
- Leistungen
- Kurz-Beschreibung Ihres Unternehmens
- Fotos

Nehmen Sie sich Zeit, möglichst umfangreiche Informationen zu Ihrem Geschäft bereitzustellen und jederzeit aktuell zu halten, insbesondere die Öffnungszeiten. Speichern Sie die Seite ab und warten Sie, bis Google die Seite geprüft hat. Glückwunsch: Ab sofort sind sie direkt auf Google Maps zu finden und können die lokale „Online Laufkundschaft" erreichen.

Umgang mit positiven und negativen Bewertungen auf Google My Business

Jeder Internetnutzer kann auf Ihrem öffentlichen Eintrag eine Bewertung mit Rezension hinterlassen. Eine der wichtigsten Vorteile von „Google My Business" ist, dass Sie als Inhaber auf Rezensionen reagieren können, denn nicht jede schlechte Bewertung ist gerechtfertigt. Lassen Sie schlechte Rezensionen nicht unkommentiert, aber bleiben Sie jederzeit freundlich und sachlich, selbst wenn die Bewertung unfair oder falsch ist.

1. Bedanken Sie sich herzlich für das Feedback!
2. Fragen Sie nach und zeigen Sie Interesse für das individuelle Problem des Kunden.
3. Bieten Sie eine pragmatische Lösung für das beschriebene Problem an und vermeiden Sie dabei leere Floskeln.

Der Sinn und Zweck eines Feedbacks auf negative Kommentare (die übrigens auch von einem Mitbewerber stammen könnten) ist nicht unbedingt, den Rezensenten umzustimmen, sondern den vielen Menschen, die diese Kommentare über Jahre hinweg mitlesen werden, zu zeigen, dass Sie sich um die Probleme Ihrer Kunden kümmern. Und das ist letztlich sogar eine vertrauensbildende Maßnahme.

Bilder SEO

Google findet nicht nur Webseiten, sondern auch Bilder zu jedem erdenklichen Thema, die aus Webseiten extrahiert und in der Bildersuche angezeigt werden. Da Google bisher noch keine Bilder „sehen" kann, was allerdings nur noch eine Frage der Zeit ist, ist Text auch für Bilder SEO unerlässlich. Man sollte Bildern also auch immer betexten, damit Suchmaschinen verstehen können, um was für ein Bild es sich handelt und in welchem Kontext es verwendet wird. Google extrahiert Informationen zum Bildgegenstand aus dem Inhalt der Seite, einschließlich Bildbeschriftungen und -titel. Achten Sie also darauf, dass die Bilder in der Nähe von relevantem Text und auf für den Bildgegenstand relevanten Seiten platziert werden. Bilder als schmückendes Beiwerk lenken eher vom Inhalt ab und sind deshalb nicht hilfreich. Verzichten Sie also auf „schöne" Bilder, die nichts mit dem Inhalt der Website zu tun haben.

Checkliste Bilder SEO
- Steht das Keyword im Namen der Bilddatei?
- Steht eine Beschreibung im Alt-Text, was auf dem Bild zu sehen ist? Dieses Textelement ist auch elementar für die Barrierefreiheit der Website: blinde Menschen können sich den Inhalt des Bildes vorlesen lassen.
- Steht das Keyword mit Themenbezug in der Bild-Beschreibung?
- Steht die Bildquelle im Title und der Bildunterschrift? Bitte verwenden Sie kein Bild ohne Erlaubnis des Urhebers oder entsprechende Rechte.
- Technik: Werden die Bilder so komprimiert, dass die Ladezeiten nicht leiden?
- Umgebender Text: Hat das Bild einen inhaltlichen Bezug zum umgebenden Text, insbesondere zu Überschrift und Zwischenüberschrift?
- Ist die Bildgröße ausreichend? Google gibt keine Mindestgröße vor, verweist aber darauf, dass qualitativ hochwertige Bilder mehr angeklickt werden.

Beispiel für Alt-Tags:

- **Schlecht (fehlender Alt-Text):** <img src = "welpe.jpg"/>
- **Schlecht (überflüssige Keywords):** <img src = "welpe.jpg" alt = "Welpe Hund Baby Hund klein Welpen Hündchen Hunde Hündchen Retriever Labrador Wolfshund Setter Vorstehhund Welpe Jack Russell Terrier Welpen Hund Futter billiges Hundefutter Welpenfutter"/>
- **Besser:** <img src = "welpe.jpg" alt = "Welpe"/>
- **Am besten, da beschreibend:** <img src = "welpe.jpg" alt = "Dalmatinerwelpe beim Apportieren"/>

Man kann für die Bildoptimierung sehr viel Zeit in Details investieren. Das lohnt sich erfahrungsgemäß aber nur dann, wenn Sie originelle und einzigartige Bilder wie zum Beispiel Infografiken haben und Ihr Thema sehr visuell geprägt ist. Für die meisten Webseiten spielt die Bildersuche eine eher untergeordnete Rolle.

▶ **Tipp** In der Google Search Console können Sie herausfinden, wie viele Klicks Sie von Google auf ihre Bilder erhalten haben und dann abwägen, wie viel Zeit und Budget Sie in Bildoptimierung investieren.

SEO für Fortgeschrittene

Neben den „Basics" gibt es in der Suchmaschinenoptimierung einige Themen, die nicht für jede Website zutreffen und die zwingend eine ganz spezielle Expertise brauchen, die in diesem Buch aufgrund ihrer Komplexität nicht umfassend behandelt werden können. Für diese Themen gibt es spezialisierte Berater und Agenturen, und es lohnt sich, dafür kompetente Unterstützung zu holen.

Internationales SEO

Wer ein Unternehmen aufbaut, startet in der Regel zunächst in einer Sprache und auf einem Markt. Genauso sollte man es auch mit der Website halten, denn Suchmaschinenoptimierung in mehreren Sprachen und für verschiedene Märkte ist sehr komplex. Erst, wenn Sie erfolgreich im Kernmarkt tätig sind, sollten Sie über eine Internationalisierung nachdenken. Webseiten in mehreren Sprachen zu betreiben, multipliziert den Aufwand und die Kosten für die Suchmaschinenoptimierung und ist darüber hinaus sehr fehleranfällig. Viele Sprachen werden zudem in mehreren Ländern gesprochen. Englisch wird zum Beispiel in über 30 Ländern als Amtssprache verwendet, trotzdem werden in jedem Land andere Suchergebnisse angezeigt. Zwar ist es möglich, mit einer .de Domain auch in der Schweiz zu ranken, der Algorithmus wird aber in der Schweiz ein völlig anderes Suchergebnis ausspielen als bei einer Suche in Deutschland, da in der Schweiz andere Inhalte gesucht und angeklickt werden als in Deutschland. Auch die Währung ist eine andere. Sie müssen Ihre Website also nicht nur für jede einzelne Sprachversion, sondern auch für jedes einzelne Land optimieren. In manchen Ländern wie China oder Russland sind zudem andere Suchmaschinen relevant als Google.

U. Raaf, *Der SEO Planer,* essentials,
https://doi.org/10.1007/978-3-658-37686-4_6

Fazit: Internationales SEO ist sehr anspruchsvoll, teuer und ohne Betreuung durch eine erfahrene Agentur oder eigene SEO-Manager für jedes Land kaum zu bewältigen. Ich rate dringend davon ab und ohne entsprechende Expertise, mehrsprachige Webseiten zu launchen, insbesondere, wenn der Kernmarkt noch gar nicht erobert ist. Wer international erfolgreich werden möchte, muss signifikant mehr in Suchmaschinenoptimierung und Inhalte investieren.

Shop SEO

Eine Studie von SEMrush aus dem Jahr 2018 besagt, dass rund 40 % der Reichweite aller Online-Shops über die Websuche erzeugt wird, in vielen Branchen ist die Suchmaschinenoptimierung also der Umsatzbringer Nummer 1! Bezahlte Anzeigen bringen hingegen nur 6 % Traffic auf die Shops, kostet aber ungleich mehr. Das zeigt, wie wichtig Suchmaschinenoptimierung für Online-Shops ist. SEO für einen Online-Shop setzt aber spezielles Know-how voraus und gehört in der SEO zu den Königsdisziplinen. Es wird generell viel seltener nach Produkten als nach Informationen gesucht. Zudem ist es ist nicht einfach, für ein Produkt wie zum Beispiel einer Winterjacke unterscheidbaren Content zu produzieren, der sich von den unzähligen Produkten auf Amazon, Real, Zalando, Otto und Co. oder den unzähligen Marken abhebt. Ein weiteres Problem für so genannte „transaktionale Keywords": Hier werden so viele Anzeigen auf Google geschaltet, dass die kostenlosen Suchergebnisse fast schon untergehen. Nutzern ist es bei der Suche nach Produkten aber völlig egal, ob sie auf eine Anzeige oder ein Suchergebnis klicken, da alle Ergebnisse gleichermaßen werblich sind. Ein lokales Ladengeschäft wird außerdem niemals für ein Keyword wie „Sneaker" ranken können und auch nicht für einen Markennamen. Ein Online-Shop braucht also als Basis seiner Existenz zwingend SEO-Spezialisten im Team, ansonsten bleiben nur kostspielige Anzeigen, um Kunden in den Shop zu holen. Sie können auch kein Restaurant erfolgreich machen, ohne einen ausgezeichneten Chefkoch in der Küche zu haben, ganz egal, wie gut das Konzept auf dem Papier auch sein mag.

> ⯈ **Tipp** Die Optimierung von mehrsprachigen Websites und Online-Shops ist komplex und fehleranfällig und erfordert besondere Kompetenzen und Erfahrungswerte, die nur erfahrene Profis mitbringen. Sparen Sie nicht am falschen Ende und investieren Sie in kompetente Mitarbeiter oder eine renommierte SEO-Agentur.

SEO im Unternehmen etablieren

SEO ist die Schnittstelle zwischen einer Organisation und ihrer Website. Sämtliche für die Öffentlichkeit relevante Informationen und Kompetenzen sollten sich auf der Website wiederfinden. Deshalb sind mehrere Abteilungen des Unternehmens an der Suchmaschinenoptimierung beteiligt (vgl. Abb. 1) und tragen zum Erfolg der Online-Präsenz bei. Insbesondere die Unterstützung seitens der Geschäftsführung ist für den Erfolg von SEO unabdingbar.

Wer macht SEO?

Zwar können einige Aufgaben von den Mitarbeitern eines Unternehmens übernommen werden, doch es braucht klare Verantwortlichkeiten und mindestens eine Person, die SEO mit Erfahrung und Know-how organisiert und verantwortet.

Grundsätzlich gibt es drei Möglichkeiten, ein SEO-Team aufzustellen:

1. **Inhouse SEO:** Ein festangestellter Inhouse SEO kennt das Unternehmen besser als eine externe Agentur und kann wertvolles Wissen aus unterschiedlichen Abteilungen zusammentragen und für die Website aufbereiten. Allerdings sind erfahrene SEO-Experten nur selten für eine Festanstellung zu begeistern, da viele selbstständig arbeiten und bereits erfolgreich eigene Online-Projekte betreiben. Die Fluktuation ist also entsprechend hoch.
2. **SEO Agentur:** Größere SEO Agenturen bieten geballte Kompetenz in verschiedenen miteinander verwandten Online-Marketing-Disziplinen wie Technik, Inhalt oder Link Building. Agenturen sind aber auf Dauer betrachtet teuer und haben kaum Einblicke in die alltäglichen Vorgänge innerhalb des

U. Raaf, *Der SEO Planer,* essentials,
https://doi.org/10.1007/978-3-658-37686-4_7

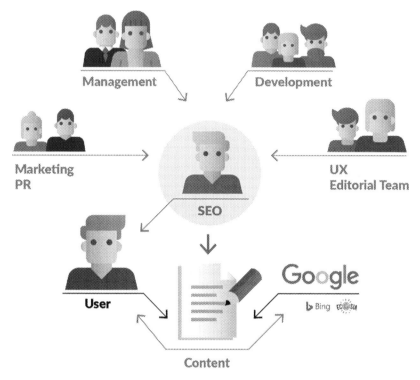

Abb. 1 Die zentrale Rolle von SEO im Unternehmen. (Quelle: www.contentconsultants. de – © Udo Raaf)

Unternehmens. Zudem sind große Agenturen auch schwerfällig und können nicht immer auf die individuellen Bedürfnisse jedes Kunden gleichermaßen eingehen. Agenturen empfehlen sich deshalb vor allem für große Unternehmen und Konzerne mit eigenen Online-Abteilungen, die sich gezielt externe Expertise in mehreren Feldern hinzuholen wollen und dafür auch die notwendigen Budgets zur Verfügung haben.

3. **Kombination Inhouse Team und Berater:** Viele Aufgaben in der Suchmaschinenoptimierung können am besten vom Unternehmen selbst umgesetzt werden, etwa die Content-Produktion oder die Themenfindung, während externe Experten das notwendige spezielle Fachwissen von außen vermitteln

können und dem Team beratend zur Seite stehen. Für viele KMU ist diese Variante die erfolgversprechendste und auf Dauer auch die günstigste und flexibelste Lösung. Berater können auch einzelne Mitarbeiter schulen, um diese nach und nach zum SEO Manager auszubilden.

Wie finde ich eine passende SEO-Agentur?

„Wenn Sie die Dienste eines SEOs in Anspruch nehmen möchten, gilt: Je früher, desto besser. Der beste Moment ist dann, wenn Sie gerade den Umbau Ihrer Website oder die Erstellung einer neuen Website planen. So können Sie gemeinsam mit dem SEO dafür sorgen, dass Ihre Website von Grund auf suchmaschinenfreundlich gestaltet ist. Ein guter SEO kann aber auch dazu beitragen, eine bestehende Website zu verbessern." Google (2020b) zum Thema SEO Agenturen und Berater.

Google empfiehlt ausdrücklich, sich frühzeitig SEO-Unterstützung zu holen. Um eine kompetente SEO-Agentur zu finden, kann es durchaus nützlich sein, Google zu bemühen und dort zu suchen. Denn das sollte schließlich ihre Kernkompetenz sein. Beginnen Sie die Suche nach „SEO Agentur + Stadt" oder nach „SEO Berater", sofern Sie eine persönlichere Betreuung bevorzugen und schauen Sie, wer dort auf den vorderen Plätzen zu finden ist.

Fragen Sie dann nach Referenzen, um zu sehen, ob die Agentur mit ihrer speziellen Branche Erfahrung hat. Wer nur Tageszeitungen und Content-Portale betreut hat vielleicht nicht so viel Erfahrung mit Shops oder internationalem SEO und umgekehrt. Gibt es in der Umgebung nicht genügend kompetente Agenturen, können Sie auch überregional suchen. Eine SEO-Agentur muss nicht unbedingt in derselben Stadt sitzen, die meisten Aufgaben lassen sich problemlos über Mail, Telefon und Video besprechen. Bleiben Sie aber auf jeden Fall im gleichen Sprachraum, denn Sprache ist die Grundlage von SEO. Suchmaschinenoptimierung in Billiglohnländer auszulagern ist mit Sicherheit keine gute Idee, auch wenn es preislich verlockend scheint.

Kommunikation ist das A&O einer erfolgreichen Zusammenarbeit. Da SEO nur langfristig zum Unternehmenserfolg beitragen kann, ist die Chemie bei der Zusammenarbeit mit einem SEO sehr wichtig, und Sie müssen Ihren Partner verstehen und ihm vertrauen. Wenn ein SEO sich hinter unverständlichem Fachvokabular versteckt und Nachfragen nicht klar und verständlich beantworten kann, gibt es ein Kommunikationsproblem. Dann hilft nur noch, die Reißleine zu ziehen.

Fragen, die Kunden vorab an SEO-Agenturen stellen sollten sind beispielsweise

- Halten Sie sich an die Google-Richtlinien für Webmaster?
- Bieten Sie Seminare und Workshops an?
- Welche Ergebnisse erwarten Sie in welchem Zeitraum? Wie messen Sie Ihren Erfolg?
- Bei mehrsprachigen Angeboten: Welche Erfahrung haben Sie mit der Entwicklung internationaler Websites?
- Bei Shops: Welche Erfahrungen haben sie bei der Entwicklung von Online-Shops?
- Wie lange sind Sie bereits im Geschäft?
- Wer betreut Sie? Ist es der Praktikant oder der Geschäftsführer?
- Wie sieht ein SEO-Reporting aus, welche Kennzahlen sind dafür wichtig? ◄

Warum machen so viele Unternehmen schlechte Erfahrungen mit SEO-Agenturen?

Das liegt sehr häufig an einer falschen Erwartungshaltung von Unternehmen. Sie denken, mit ein bisschen Trickserei könne man schnell bei Google punkten oder SEO wäre ein einmaliges Projekt und ein Entwickler würde genügen, um SEO „zu installieren". Doch diese Zeiten sind endgültig vorbei! Technische Optimierung ist nur die Pflicht, eine nachhaltige inhaltliche Optimierung ist die Kür, die über Erfolg oder Misserfolg entscheidet – und das ist kein Projekt, sondern eine fortlaufende Aufgabe, die zum Tagesgeschäft gehört.

SEO braucht Zeit, und man sollte keine Wunder von einer SEO-Agentur erwarten, sondern nachhaltiges, langfristiges Wachstum. Und das setzt ein wenig Geduld und aktive Unterstützung der SEO-Aktivitäten voraus. Erste kleine Erfolge sind zwar meistens bereits innerhalb eines Monats zu erkennen, das volle Potenzial von SEO für die gesamte Website entfaltet sich aber häufig erst nach ca. einem Jahr. In diesem Sinn ist SEO auch vergleichbar mit Social Media: auch hier können Sie zwar schnell mit einzelnen Postings erfolgreich sein, doch eine signifikante Zahl von Followern aufzubauen, braucht Monate oder Jahre.

Alle Mitarbeiter, die Websites betreuen und an ihrem Erfolg mitarbeiten, sollten fortlaufend geschult werden und verstehen, welche Bedeutung SEO innerhalb des Unternehmens hat. Aufgrund der hohen Fluktuation in vielen

Unternehmen sollte man außerdem darauf achten, dass das ganze Online-Team mit SEO vertraut gemacht wird und nicht nur einzelne Personen. So kann sich das Team gegenseitig schulen, und das Wissen bleibt auch dann im Haus, wenn einzelne Mitarbeiter gehen. SEO ist keine Raketenwissenschaft und wirklich jeder und jede kann ohne technisches Know-how lernen, wie man Inhalte für Webseiten erstellt und deren Performance misst. Das Interesse am Thema SEO wächst erfahrungsgemäß mit dem Wissensstand.

Was kostet SEO?

Suchmaschinenoptimierung ist nicht kostenlos zu haben. Die Kosten spielen sich aber häufig durch nachhaltig mehr Reichweite, mehr Umsatz, und deutlich gesenkte Werbeausgaben schnell wieder ein. Diese Ersparnis lässt sich auch grob berechnen.

Beispiel Kosten für das Keyword „SEO Berater"

Laut Sistrix wird der Begriff „SEO Berater" rund 3600-mal im Monat gegoogelt. Ein einziger Klick auf Google Ads – Anzeigen befinden sich oberhalb der organischen Suchergebnisse und sind mit „Anzeige" markiert – kostet für dieses Keyword aktuell rund 25 €.

Angenommen, Sie bekämen auf Position 1 in den Suchergebnissen durchschnittlich 30 % der Klicks, also rund 1000 Klicks. Um das gleiche Ergebnis mit Anzeigen zu erzielen, müssten Sie umgerechnet also 25.000 € investieren (1000 Klicks × 25 €). Auf ein Jahr gerechnet hätte die Position 1 einen Anzeigenwert von 300.000 €. Und das für ein einziges Keyword!

Auf Position 10 der Suchergebnisse erhalten Sie wahrscheinlich nur noch maximal 2 % der Klicks. In unserem Beispiel also 72 Klicks. Wert dieser Klicks in Anzeigen umgerechnet: 1800 € im Monat (72 × 25 €) oder 21.600 € im Jahr. Selbst auf Position 10 sparen Sie also dank SEO noch erhebliche Werbeausgaben ein.

Auf Position 50 – also auf der fünften Seite der Suchergebnisse – bekommen Sie vermutlich keinen einzigen Klick mehr, die Seite hat also auch keinen Wert. Sie müssen weiter daran arbeiten, damit sich die Investition irgendwann auszahlt.

Ohne strategische Suchmaschinenoptimierung sind die meisten Ihrer Inhalte wertlos, weil sie niemand findet und somit keinen Mehrwert fürs Unternehmen erzeugen. ◄

SEO Gehälter und Honorare

Eine Umfrage der Plattform Vertical Inhouse (2020) unter über 500 angestellten SEO Managern ergab, dass SEOs im Durchschnitt – je nach Berufserfahrung – brutto zwischen 3500 € (0 bis 5 Jahre Berufserfahrung) und 5500 € (über 10 Jahre Berufserfahrung) im Monat verdienen (vgl. Abb. 2).

Wer keinen Inhouse-SEO findet oder sich noch keinen leisten kann, sollte sich einen vertrauenswürdigen Berater hinzuziehen, der das Team anleitet und schult. Als grober Richtwert: unter 1000 €/Monat gibt es kein seriöses SEO, denn Suchmaschinenoptimierung braucht Zeit, und 1000 € entspricht in etwa einem Tagessatz eines erfahrenen SEO. Eine umfangreiche Website mit vielen hundert oder tausend Seiten braucht natürlich wesentlich mehr Zeit als eine kleine Webseite mit 50 Seiten. Je mehr Umsatzpotenzial eine Website besitzt, desto mehr Budget sollte auch in Suchmaschinenoptimierung investiert werden. Sparen Sie also nicht am falschen Ende, sondern investieren Sie in den potenziell reichweitenstärksten

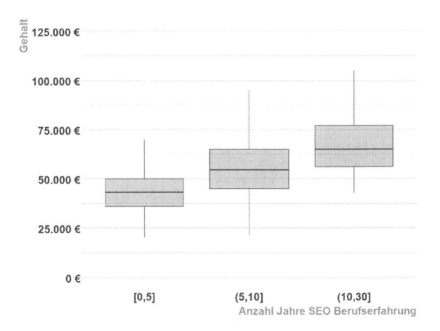

Abb. 2 Die Gehälter von angestellten SEO Managern. (Quelle: Vertical Inhouse)

Kanal, vor allem, wenn die Performance der Website derzeit noch unterdurchschnittlich ist. Nur so kann eine Website profitabel werden und zum wesentlichen Bestandteil der Wertschöpfungskette werden.

Was tun, wenn SEO nicht funktioniert?

Suchmaschinenoptimierung ist kein Wunschkonzert. Manchmal entscheidet sich Google für andere Seiten als Top-Treffer, und egal, wie sehr man seine Artikel optimiert, es scheint einfach nicht voranzugehen. Das kann vielfältige Gründe haben.

Einige Beispiele:

- Der direkte Wettbewerber um Top-Rankings ist insgesamt stärker und bekannter und bekommt deshalb signifikant mehr Links und Klicks.
- Google platziert zum Thema zu viel Werbung und großflächige „Featured Snippets" (z. B. Videos, News, Shopping oder FAQ) über den Suchergebnissen, sodass kaum mehr Klicks für die organische Suchergebnisse generiert werden, selbst wenn diese gut ranken.
- Die Seite hat technische Probleme, die von außen nicht erkennbar sind, wie zum Beispiel zu lange Ladezeiten oder einen falschen Statuscode.
- Google beantwortet die Frage direkt in den Suchergebnissen. Der Anteil von „Zero-Click-Searches", also Suchen, denen kein Klick auf ein Suchergebnis folgt, ist in den letzten Jahren auf über 50 % angewachsen.
- Das Keyword ist zu allgemein und Google platziert ständig neue Ergebnisse auf Seite 1. Bsp.: „Corona".
- Google kann die Seite noch nicht richtig einschätzen, weil sie zu neu ist.
- Es gibt schlicht zu wenig Content auf einer Website, sodass die Domain für Google nicht relevant ist.

Es ist vollkommen ausgeschlossen, sofort für jedes Keyword ganz vorne auf Google zu ranken. Umgekehrt rankt Google manchmal Seiten, für die man eigentlich gar nicht optimiert hat und eröffnet so ganz neue Chancen, die man nur dann ergreifen kann, wenn man seine Daten regelmäßig auswertet und das erkennt. Es kann manchmal Wochen oder sogar Monate dauern, bis sich Optimierungen in den Suchergebnissen bemerkbar machen. Verlieren kann nur, wer gar keine Suchmaschinenoptimierung betreibt und keine Daten erhebt. Ich garantiere allen, die mit SEO beginnen und mindestens ein Jahr dabei bleiben, nachhaltig steigende Rankings und signifikant mehr Reichweite! Doch dafür müssen Sie alle Schritte konsequent umsetzen und vor allem: Geduld haben. Suchmaschinenoptimierung ist kein Sprint, sondern ein Marathon. Nur wer im Rennen bleibt hat eine Chance, sich an die Spitze zu setzen!

> **Tipp** Geben Sie nicht gleich auf, wenn es Rückschläge oder Probleme gibt, sondern bleiben Sie langfristig am Ball.

SEO Trends: Wie sieht die Suche der Zukunft aus?

Im Vergleich zu Social Media verläuft die Entwicklung auf dem Markt der Suchmaschinen eher evolutionär als revolutionär. Immer wieder werden neue Trends aufgerufen, die sich häufig kurze Zeit später schon wieder erledigt haben. Die Google Suche ermöglicht Websites seit über 20 Jahren nachhaltiges Wachstum. Dass Google seine Marktdominanz im Bereich der Websuche in den kommenden zehn Jahren einbüßen könnte ist zwar kaum zu befürchten, allerdings dürfte der Wettbewerb um die Zeit und Aufmerksamkeit der Nutzer durch neue Technologien und geschlossene Plattformen wie Snapchat, Instagram oder TikTok weiter stark zunehmen. Deshalb empfiehlt es sich, den Markt ständig im Blick zu behalten.

Trend 1: Sprachsuche

Siri, Alexa, „Ok Google..." jeder kennt heute Sprachassistenten, die theoretisch auch eine Sprachsuche ermöglichen. Das Ziel der Sprachassistenten ist klar: Wie der Kommunikator der Kultserie „Star Trek" möchte auch Google künftig jede erdenkliche Frage in Echtzeit und ohne Bildschirm beantworten können. Noch funktioniert das nur für eher einfache Fragen, doch in Zukunft werden Suchbegriffe in Frageform zweifellos immer wichtiger werden.

Trend 2: Künstliche Intelligenz

Schon heute arbeiten Suchmaschinen mit künstlicher Intelligenz, um zu erkennen, welche Intention hinter einem Suchbegriff steckt und Spam auszufiltern. Diese Technologien werden sich rasant verbessern. Es lohnt sich also künftig überhaupt

U. Raaf, *Der SEO Planer*, essentials, https://doi.org/10.1007/978-3-658-37686-4_8

nicht mehr, mit durchsichtigen Manipulationsmanövern Suchmaschinen auszu-
tricksen zu wollen. Dafür sind sie bereits zu intelligent.

Trend 3: Automatisierung

Wie in vielen anderen Bereichen werden künftig auch intelligente Systeme viele
Aufgaben von SEOs übernehmen und die Umsetzung vereinfachen. Statt Checklisten von Hand durchzuarbeiten, werden die Content-Management-Systeme der
Zukunft Inhalte auf Knopfdruck fürs gewählte Fokus-Keyword optimieren können.
Das alleine macht aber noch keinen aus der Masse herausragenden Text. Dafür
braucht es immer noch den empathisch begabten Menschen – und das ist auch gut
so.

Trend 4: Nutzerfreundlichkeit

Google hat angekündigt, dass die sogenannten Core Web Vitals verstärkt in
den Algorithmus einfließen werden, nutzerfreundliche Ladezeiten werden
künftig noch mehr zum Erfolg einer Website beitragen. Werbefinanzierte Websites müssen sich darauf einstellen, entsprechende Nachteile zu haben, da viel
Werbung immer auch langsame Ladezeiten und weniger Nutzerfreundlichkeit
bedeutet. Content Marketing, also die Verschmelzung von Werbung und Inhalt,
wird in Zukunft wohl noch weiter zunehmen.

Trend 5: Diversifizierung

Zwar dominiert Google die Websuche massiv, aber viele Apps versuchen derzeit die Aufmerksamkeit ihrer Nutzer vollständig auf sich zu ziehen und sie vom
offenen Web in geschlossene Systeme zu holen, für die man sich registrieren muss.
Anbieter wie Facebook, Instagram, TikTok oder Snapchat haben bereits erhebliche
Marktanteile erobert, und auch Amazon baut seine Vormachtstellung im Bereich
Shopping immer weiter aus. Man muss nicht überall dabei sein, aber man sollte
zumindest überall dort präsent sein, wo die eigene Zielgruppe einen großen Teil
ihrer Zeit verbringt und diese Kanäle nutzen und kreativ bespielen. Kein Unternehmen sollte nur auf eine Plattform setzen, sondern sein Angebot diversifizieren.

Schluss

Nach Lektüre dieses Buchs wissen Sie, warum Suchmaschinenoptimierung für jedes Unternehmen unverzichtbar ist und wie sie diese im Alltag organisieren. SEO ist kein Projekt, sondern die derzeit wichtigste Online-Marketing-Disziplin. Bleiben Sie langfristig dabei, optimieren Sie Ihre Website kontinuierlich weiter und Sie werden Erfolge erzielen. Garantiert.

© Der/die Autor(en), exklusiv lizenziert an Springer Fachmedien Wiesbaden GmbH, ein Teil von Springer Nature 2022
U. Raaf, *Der SEO Planer,* essentials,
https://doi.org/10.1007/978-3-658-37686-4_9

Was Sie aus diesem *essential* mitnehmen können

- SEO ist die wichtigste Online-Marketing-Disziplin.
- Optimieren und messen Sie fortlaufend die Performance Ihrer Website in allen Bereichen.
- Optimieren Sie Webseiten in erster Linie für Ihre Zielgruppen, dann sind sie auch gut für Suchmaschinen vorbereitet.
- Schulen Sie fortlaufend Ihre Mitarbeiter, um am Erfolg der Website mitarbeiten zu können.
- Definieren Sie klare Ziele und feiern Sie die Meilensteine auf dem Weg dorthin.

U. Raaf, *Der SEO Planer,* essentials, https://doi.org/10.1007/978-3-658-37686-4

Literatur

Beisch, N., Koch, W., & Schäfer, C. (2019). ARD/ZDF-Onlinestudie 2019. https://www.ard-zdf-onlinestudie.de/files/2019/0919_Beisch_Koch_Schaefer.pdf. Zugegriffen: 1. Okt. 2020.

Beus, J. (2020). Wieso (fast) alles, was du bislang über die Google CTR wusstest, nicht mehr stimmt. https://www.sistrix.de/news/wieso-fast-alles-was-du-bislang-ueber-die-google-ctr-wusstest-nicht-mehr-stimmt/. Zugegriffen: 1. Okt. 2020.

BrideEdge Research. (2020). Organic channel share expands to 53.3% of traffic. https://videos.brightedge.com/research-report/BrightEdge_ChannelReport2019_FINAL.pdf. Zugegriffen: 1. Okt. 2020.

Google. (2020a). How search works. https://www.google.com/intl/de/search/howsearchworks/. Zugegriffen: 1. Okt. 2020.

Google. (2020b). Benötigen Sie einen Suchmaschinenoptimierer (SEO)? https://support.google.com/webmasters/answer/35291. Zugegriffen: 29. Okt. 2020.

Google. (2020c). Page quality rating guidelines. https://static.googleusercontent.com/media/guidelines.raterhub.com/de//searchqualityevaluatorguidelines.pdf. Zugegriffen: 27. Okt. 2020.

Jacobs, B., Booth, D., & Spink, A. (2008). Determining the informational, navigational, and transactional intent of web queries. https://pennstate.pure.elsevier.com/en/publications/determining-the-informational-navigational-and-transactional-inte. Zugegriffen: 19. Okt. 2020.

Kahneman, D. (2012). *Schnelles Denken, langsames Denken.* Siedler.

Krug, S. (2014). *Don't make me think, revisited* (dt.). mitp.

Schwartz, B. (2016). Google's search knows about over 130 trillion pages. https://searchengineland.com/googles-search-indexes-hits-130-trillion-pages-documents-263378. Zugegriffen: 19. Okt. 2020.

Searchmetrics. (2018). Nischen-Ranking-Faktoren-Studie 2018. https://www.searchmetrics.com/de/knowledge-hub/studien/ranking-faktoren-nischen/. Zugegriffen: 19. Okt. 2020.

SEMrush. (2018). Die jährliche E-Commerce-Studie 2017 von SEMrush. https://de.semrush.com/ebooks/de-ecommerce-trends/. Zugegriffen: 19. Okt. 2020.

Sistrix. (2019). SEO aus 2009 vs. SEO aus 2019: Wie HomeToGo Airbnb überholte. https://www.sistrix.de/news/seo-aus-2009-vs-seo-aus-2019-wie-hometogo-airbnb-ueberholte/. Zugegriffen: 19. Okt. 2020.

Southern, M. (2020). Microsoft Lists SEO as the Most Important Hard Skill for Marketers. https://www.searchenginejournal.com/microsoft-lists-seo-as-the-most-important-hard-skill-for-marketers/346258/. Zugegriffen: 1. Okt. 2020.

Statista. (2020). Marktanteile der Suchmaschinen in Deutschland im September 2020. https://de.statista.com/statistik/daten/studie/301012/umfrage/marktanteile-der-such-maschinen-und-marktanteile-mobile-suche/. Zugegriffen: 28. Okt. 2020.

Vertical Inhouse. (2019). Was verdienen Inhouse SEOs? Gehälter 2019/2020. https://www.verticalinhouse.de/analysen/inhouse-seo-gehaelter/. Zugegriffen: 21. Okt. 2020.

Printed in the United States
by Baker & Taylor Publisher Services